... Títulos relacionados

SSCE0110 HABILITACIÓN PARA LA DOCENCIA EN GRADOS A, B Y C DEL SISTEMA DE FORMACIÓN PROFESIONAL

(ANTIGUO DOCENCIA DE LA FORMACIÓN PROFESIONAL PARA EL EMPLEO)

[DISPONIBLE CERTIFICADO COMPLETO]

Programación didáctica de acciones formativas para el empleo

Mario Corrales Álvarez
Mónica Suárez Martínez

© 2025 Ediciones Paraninfo, S. A.
© 2025 Mario Corrales Álvarez, Mónica Suárez Martínez

Edición y maquetación: Ediciones Nobel, S. A.

Impresión: Liberdigital (Casarrubuelos, Madrid)

ISBN: 978-84-283-6671-7
Depósito legal: M-4148-2025

Impreso en España

Biografía

Mario Corrales Álvarez es licenciado en Ciencias de la Educación y máster en Orientación Profesional. Además, posee una amplia formación en el campo de la docencia y la investigación, y gran experiencia en voluntariado y programas de acción social.

Mónica Suárez Martínez es ingeniera técnica industrial sin vocación, se inicia en el mundo de la formación para el empleo en el año 1992 con la realización de un curso de formación de formadores, que completa posteriormente con otro sobre elaboración de material didáctico para formación a distancia.

A partir de entonces, ha desarrollado toda su vida profesional dentro de este ámbito: redactora de manuales para formación a distancia en Fondo Formación, responsable de formación en Fundación CTIC y directora de formación en Izertis. Además imparte, de forma presencial u *online,* cursos de formación de formadores y teletutores.

Le apasionan el *e-learning* y las innovaciones tecnológicas, que democratizan y facilitan el acceso al conocimiento.

Índice

4. Elaboración de la programación temporalizada de la acción formativa

Introducción normativa

La Ley Orgánica 3/2022, de 31 de marzo, de ordenación e integración de la Formación Profesional, contiene una disposición derogatoria única que afecta a la regulación de los certificados de profesionalidad, ahora denominados **Certificados Profesionales**. La referida normativa deroga la Ley Orgánica 5/2002, de 19 de junio, de las Cualificaciones y de la Formación Profesional, y abre un escenario de cambios que se irán implementando progresivamente.

La Ley Orgánica 3/2022, de 31 de marzo, de ordenación e integración de la Formación Profesional implica que toda la formación es acumulable. La oferta formativa se estructura de forma escalonada, siendo los Certificados Profesionales un nivel intermedio (Grado C) de una escala que va desde el Grado A hasta el E.

En los artículos 35 a 38 de la Ley 3/2022 se describe en qué consisten estos Certificados Profesionales: su oferta, formación asociada, estructura, duración, acceso, titulación y validez. Posteriormente, esta normativa se completa con lo dispuesto en el Real Decreto 659/2023, de 18 de julio, que desarrolla la ordenación del sistema de Formación Profesional. Concretamente en los artículos 67 a 81 es donde se hace referencia a la oferta formativa de Grado C, correspondiente a los Certificados Profesionales.

Están agrupados en 26 familias profesionales con características comunes del sector. En la actualidad hay más de medio millar de Certificados Profesionales incluidos en el Repertorio Nacional. Esta cifra no deja de crecer. Además, cada certificado está específicamente regulado por un real decreto.

Un Certificado Profesional corresponde al Grado C de la oferta del Sistema de Formación Profesional. Es un documento oficial, con validez en todo el territorio nacional y debe constar en el Catálogo Nacional de Ofertas de Formación Profesional, que certifica la capacitación para el desarrollo de una actividad profesional.

Debe detallar los módulos profesionales superados y los estándares de competencia profesional asociados a él e incluidos en el **Catálogo Nacional de Estándares de Competencias Profesionales**, así como su correspondencia con el Marco Español de Cualificaciones.

Despliegan su validez en un doble ámbito, laboral y académico:

- En el contexto laboral tienen validez profesional, porque acreditan las competencias en una determinada profesión. Para poder trabajar en algunas profesiones, se exigen determinadas cualificaciones, y los certificados sirven para acreditarlas.

- Asimismo, tienen validez académica, puesto que permiten continuar un itinerario formativo siempre que se cumplan los requisitos de acceso para cursar la titulación deseada. De tal modo que, los Certificados Profesionales que sean parte de un Grado D permitirán la matrícula modular para completar los módulos establecidos en el currículo y obtener el correspondiente título de técnico básico, técnico o técnico superior con validez en todo el territorio nacional.

Para obtener un Certificado Profesional (Grado C) es preciso cumplir con los requisitos de acceso para realizar la formación.

Estructura de los Certificados Profesionales

I. Identificación: denominación, familia y área profesional a la que pertenecen; nivel de cualificación profesional (1, 2 o 3); cualificación profesional de referencia; entorno profesional y módulos formativos que esté previsto cursar junto con la duración de cada uno de ellos.

II. Perfil profesional: incluye las competencias profesionales requeridas en el mercado laboral. En todas ellas se concretan las realizaciones profesionales y los criterios de realización.

III. Formación: describe los módulos formativos que esté previsto cursar para adquirir las competencias requeridas. En cada uno de ellos se indican las capacidades que se pretende alcanzar y la duración del módulo de prácticas no laborales —PNL—, para el que cabe solicitar exención si se cumplen determinados requisitos.

IV. Prescripciones de las personas formadoras.

V. Requisitos mínimos de espacios, instalaciones y equipamiento.

Los Certificados Profesionales se identifican con una denominación concreta y un código alfanumérico propio, y sirven para acreditar una determinada cualificación profesional. Cada certificado está asociado a una relación de unidades de competencia que, a su vez, se vinculan con una serie de módulos formativos específicos. Algunos módulos están integrados por unidades formativas y tanto unos como otras son, en ocasiones, transversales, lo que significa que se trata de contenidos incluidos en más de un Certificado Profesional.

Los Certificados Profesionales se articulan en tres niveles de competencia profesional (1, 2 y 3) conforme a lo dispuesto en el que será el Catálogo Nacional de Estándares de Competencias Profesionales, anteriormente Catálogo Nacional de Cualificaciones Profesionales (CNCP), según los criterios establecidos de conocimientos, iniciativa, autonomía y complejidad de las tareas, en cada una de las ofertas de Formación Profesional.

La oferta formativa dirigida a la obtención de los Certificados Profesionales tiene carácter modular para favorecer la acreditación parcial acumulable de la formación recibida y posibilitar así el avance en el itinerario de Formación Profesional para cualquiera que sea la situación laboral de cada persona en cada momento.

En definitiva, el Grado C constituye la oferta, parcial y acumulable, del sistema de Formación Profesional, de varios módulos profesionales del catálogo modular de Formación Profesional por razón de su significado en el mercado laboral y conducente a la obtención de un Certificado Profesional.

Las ofertas de Grado C de Formación Profesional tendrán por objeto módulos profesionales incluidos previamente en el catálogo modular de formación profesional y asociados al Catálogo Nacional de Estándares de Competencias Profesionales.

Finalidad de los Certificados Profesionales

- Contribuir a la ordenación de un Sistema de Formación Profesional al servicio de un régimen de formación y acompañamiento profesionales que sea capaz de responder con flexibilidad a los intereses, expectativas y aspiraciones de cualificación profesional de las personas a lo largo de su vida.

- Combinar escuela y empresa situando a la persona en el centro del sistema.

- Facilitar el aprendizaje permanente de toda la ciudadanía mediante una formación abierta, flexible y accesible, estructurada de forma modular, a través de la oferta formativa asociada al certificado.

- Acreditar las cualificaciones profesionales o las unidades de competencia recogidas en estas, independientemente de su vía de adquisición, bien sea través de la vía formativa, o mediante la experiencia laboral o vías no formales de formación.

- Favorecer, tanto a nivel nacional como europeo, la transparencia del mercado de trabajo.

- Contribuir a la calidad de la oferta de Formación Profesional.

Este libro

El presente libro desarrolla el Módulo Formativo denominado *Programación didáctica de acciones formativas para el empleo,* MF1442_3.

Dicho módulo formativo está asociado a la Unidad de Competencia UC1442_3, perteneciente a las Cualificación Profesional de referencia SSC448_3, de nivel 3, incluida en el Certificado Profesional *Habilitación para la Docencia en grados A, B y C del Sistema de Formación Profesional,* dentro de la familia profesional Servicios Socioculturales y a la Comunidad.

Según el Real Decreto 1797/2011, de 18 de noviembre, modificado por el RD 625/2013, de 2 de agosto, los contenidos que en esta obra se recogen se corresponden con una duración de 60 horas.

Tanto la estructura como el desarrollo del libro se ajustan al citado real decreto y más concretamente a los contenidos de la Unidad Formativa que le da título *Programación didáctica de acciones formativas para el empleo,* MF1442_3.

Contenidos

1. **Estructura de la Formación Profesional**
   - Sistema Nacional de las Cualificaciones: Catálogo Nacional de Cualificaciones y formación modular, niveles de cualificación.
   - Subsistema de Formación Profesional Reglada: Programas de Cualificación Profesional Inicial y Ciclos Formativos: características, destinatarios y duración.
   - Subsistema de la Formación Profesional para el Empleo: características y destinatarios. Formación de demanda y de oferta: Características.
   - Programas formativos: estructura del programa.
   - Proyectos formativos en la formación en alternancia con el empleo: estructura y características.

2. **Certificados de Profesionalidad**
   - Certificados de profesionalidad: características y vías de adquisición. Estructura del certificado de profesionalidad: perfil profesional/referente ocupacional, formación del certificado/referente formativo, prescripciones de los formadores y requisitos mínimos de espacio, instalaciones y equipamiento. Formación profesional y en línea.
   - Programación didáctica vinculada a Certificación Profesional.

3. **Elaboración de la programación didáctica de una acción formativa en formación para el empleo**
   - La formación por competencias.
   - Características generales de la programación de acciones formativas.
   - Los objetivos: definición, funciones, clasificación, formulación y normas de redacción.
   - Los contenidos formativos: conceptuales, procedimentales y actitudinales. Normas de redacción. Funciones. Relación con los objetivos y la modalidad de formación.
   - Secuenciación. Actualización y aplicabilidad.
   - Las actividades: tipología, estructura, criterios de redacción y relación con los contenidos. Dinámicas de trabajo en grupo.
   - Metodología: métodos y técnicas didácticas.
   - Características metodológicas de las modalidades de impartición de los certificados profesionales.
   - Recursos pedagógicos. relación de recursos, instalaciones, bibliografía, anexos: características y descripción.
   - Criterios de evaluación: tipos, momento, instrumentos, ponderaciones.
   - Observaciones para la revisión, actualización y mejora de la programación.

4. **Elaboración de la programación temporalizada de la acción formativa**
   - La temporalización diaria:
     - Características: organización, flexibilidad y contenido.
     - Estructura.
   - Secuenciación de contenidos y concreción de actividades.
   - Elaboración de la Guía para las acciones formativas, para la modalidad de impartición formación en línea.

■ Nota del Editor

En Ediciones Paraninfo estamos comprometidos con la calidad de la formación e intentamos que nuestros materiales respondan fielmente y con rigor a las necesidades de todos cuantos confían en nuestro sello editorial.

Tratamos de dar respuesta a los currículos de las unidades formativas y de los módulos que integran los distintos Certificados Profesionales, equilibrando la parte teórica con la práctica para que los procesos de aprendizaje se conviertan en experiencias gratificantes, tanto para docentes como para las personas inmersas en los procesos formativos.

Nuestros objetivos son contribuir de forma decisiva a afianzar aprendizajes, ayudar a adquirir destrezas que tengan significado para el empleo y conseguir potenciar el desarrollo personal.

Para lograrlo contamos con excelentes autores, expertos en las materias que abordan, en la mayoría de los casos docentes de dichas especialidades con dilatada experiencia tanto profesional como académica, porque buscamos perfiles familiarizados con los contextos laborales concretos a los que se refieren nuestros manuales.

Confiamos en poder serte de ayuda y esperamos tus impresiones acerca de nuestro trabajo. Sean positivas o negativas, serán muy bien recibidas y, sin duda, nos ayudarán a seguir mejorando y trabajando con ilusión para continuar siendo un referente en formación para el empleo.

Agradecemos tu confianza en nuestros manuales. Todo nuestro equipo queda a tu total disposición. Puedes contactar con nosotros en esta dirección de correo electrónico:

info@paraninfo.es

1. Estructura de la Formación Profesional para el empleo

Contenido

Objetivos

Objetivo general

Analizar la normativa sobre la Formación Profesional para el Empleo en sus diferentes modalidades de impartición, identificando sus características y colectivos destinatarios.

Objetivos operativos

1.1. Identificar la normativa vinculada a la Formación Profesional en la modalidad presencial y en línea.

1.2. Extraer de la normativa las características de la formación que se va a programar.

1.3. Analizar las características metodológicas de la formación presencial y en línea.

1.4. Recopilar la información necesaria de los proyectos formativos para el desarrollo de la acción.

1.5. Analizar los referentes formativos y profesionales de módulos y, en su caso, unidades formativas, de certificados profesionales o programas formativos.

1.6. Extraer de programas, certificados y/o proyectos formativos, los requerimientos de la formación (perfiles, recursos, duración, contenidos, entre otros) que se va a programar.

El actual Sistema de Formación Profesional en España está regulado por las siguientes leyes:

- **Ley Orgánica 3/2022, de 31 de marzo,** de ordenación e integración de la Formación Profesional.

- **Real Decreto 659/2023, de 18 de julio,** por el que se desarrolla la ordenación del Sistema de Formación Profesional.

- **Real Decreto 278/2023, de 11 de abril,** por el que se establece el calendario de implantación del Sistema de Formación Profesional.

- **Real Decreto 62/2022, de 25 de enero,** de flexibilización de los requisitos exigibles para impartir ofertas de Formación Profesional conducentes a la obtención de certificados de profesionalidad, así como la oferta de FP en centros.

Tal como se aprecia, el sistema ha sido modificado recientemente. Esta reforma se basa en:

1. Abordar retos estructurales de país.

2. Actualizar la legislación vigente.

3. Unificar los dos subsistemas de Formación Profesional en uno solo.

4. Convertir la Formación Profesional en fuente de empleo de calidad.

5. Adelantarse al futuro.

6. Corregir el déficit entre niveles de cualificación y las necesidades y capacidad de absorción del mercado de trabajo.

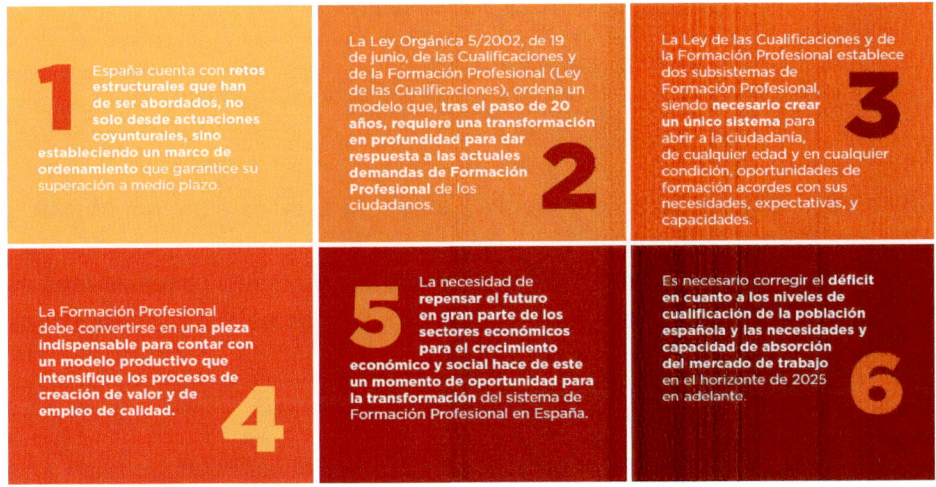

Figura 1.1. Razones que motivan la reforma legislativa. *Fuente:* Gobierno de España.

Uno de los objetivos de esta reforma es que toda la ciudadanía tenga acceso a una oferta de formación, compatible con su situación personal o laboral que le permita:

- Adquirir nuevas competencias.
- Mantener actualizada su competencia profesional.
- Ascender en la especialización de su cualificación.
- Progresar en el sistema educativo y formativo.

1.1. Ley Orgánica 3/2022, de 31 de marzo, de ordenación e integración de la Formación Profesional

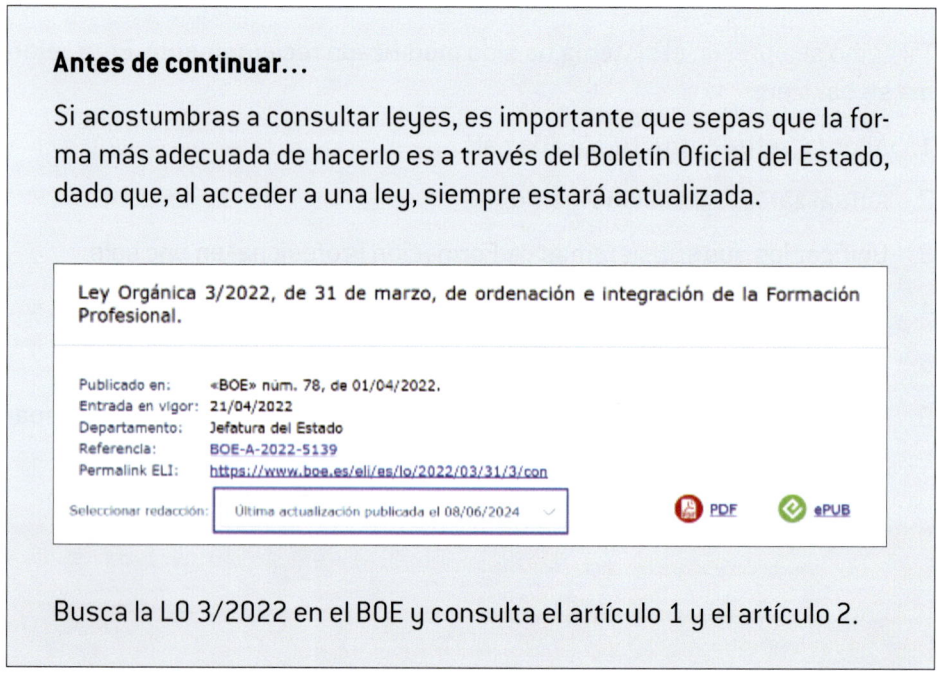

Antes de continuar...

Si acostumbras a consultar leyes, es importante que sepas que la forma más adecuada de hacerlo es a través del Boletín Oficial del Estado, dado que, al acceder a una ley, siempre estará actualizada.

Ley Orgánica 3/2022, de 31 de marzo, de ordenación e integración de la Formación Profesional.

Publicado en: «BOE» núm. 78, de 01/04/2022.
Entrada en vigor: 21/04/2022
Departamento: Jefatura del Estado
Referencia: BOE-A-2022-5139
Permalink ELI: https://www.boe.es/eli/es/lo/2022/03/31/3/con

Seleccionar redacción: Última actualización publicada el 08/06/2024

PDF   ePUB

Busca la LO 3/2022 en el BOE y consulta el artículo 1 y el artículo 2.

Tal como se especifica en el artículo 1 esta Ley 3/2022 tiene por **objeto** la constitución y ordenación de un sistema único e integrado de Formación Profesional capaz de responder con **flexibilidad** a los intereses y **necesidades de cualificación profesional** de las personas a lo largo de su vida y a la **demanda** del mercado.

Los elementos que integran el sistema son los siguientes:

- **Catálogo Nacional de Estándares de Competencias Profesionales**. Los estándares de competencia se organizan por familias profesionales y por niveles en función de la complejidad de las tareas que describen. Sustituye al Catálogo Nacional de Cualificaciones Profesionales.

- **Catálogo Modular de Formación Profesional.** Establece cuáles son los módulos profesionales vinculados a cada uno de **los estándares de competencia.** Además, define el currículo de cada módulo profesional.

- **Catálogo Nacional de Ofertas de Formación Profesional.** Incluye todas las ofertas que pueden cursarse en España en el marco de la Formación Profesional, independientemente de su duración.

- **Elementos básicos del currículo.** Define las enseñanzas mínimas y tendrá por finalidad asegurar una formación común y garantizar la validez estatal de los títulos, certificados y acreditaciones correspondientes.

Figura 1.2. Estructura del Sistema de Formación Profesional.

Por otro lado, los instrumentos de gestión del sistema son:

- **Registro Estatal de Formación Profesional.** Las Administraciones comunican a este registro la propuesta o expedición de cualquier título, certificado o acreditación del Catálogo Nacional de Ofertas de Formación Profesional.

> Por su parte, cualquier persona tiene derecho a obtener un informe formativo-profesional, que recoja su itinerario y situación formativa profesional debidamente acreditada y actualizada a la fecha de descarga.

- **Registro Estatal de Acreditaciones de Competencias Profesionales adquiridas por experiencia laboral o vías no formales e informales,** interconectado con el anterior, incluirá las acreditaciones personales obtenidas a través del procedimiento de acreditación de competencias profesionales adquiridas por experiencia laboral u otras vías no formales o informales.

> Cualquier persona tiene derecho a solicitar y obtener del registro un informe sobre los estándares de competencia acreditados mediante este procedimiento, actualizado a la fecha de descarga.

- **Registro General de Centros de Formación Profesional**, que incluirá todos los centros autorizados para impartir oferta de las enseñanzas profesionales del sistema.

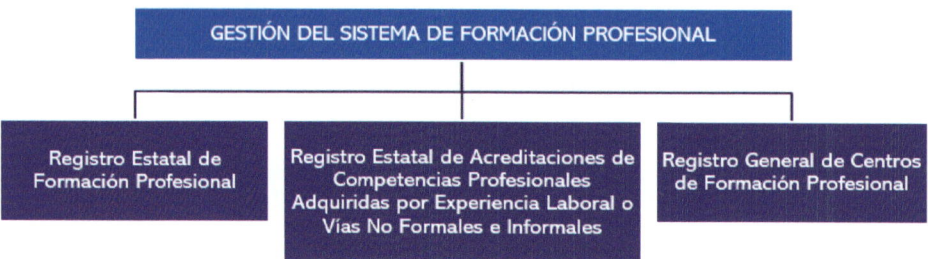

Figura 1.3. Gestión del Sistema de Formación Profesional.

1.1.1. Grados de formación

La ley establece un sistema basado en **cinco grados ascendentes**, descriptivos de las ofertas formativas organizadas en unidades diseñadas según el **Catálogo Nacional de Estándares de Competencias Profesionales.**

- **Grado A:** Acreditación Parcial de Competencia.
- **Grado B:** Certificado de Competencia.
- **Grado C:** Certificado Profesional.
- **Grado D:** Ciclo Formativo. La duración será de dos cursos académicos en Grado Básico, y en Grado Medio y Superior podrá variar entre dos o tres cursos, según el currículo de cada ciclo. (Nivel 1, 2 o 3).
- **Grado E:** Curso de Especialización. Entre 300 y 900 horas. Podrán tener carácter dual. Con nivel 2 y 3.

En cada uno de los grados existirán ofertas vinculadas a los niveles 1, 2 y 3 del Catálogo Nacional de Estándares de Competencias Profesionales.

> Estos niveles están determinados por los criterios establecidos de conocimientos, iniciativa, autonomía y complejidad de las tareas, en cada una de las ofertas de Formación Profesional.

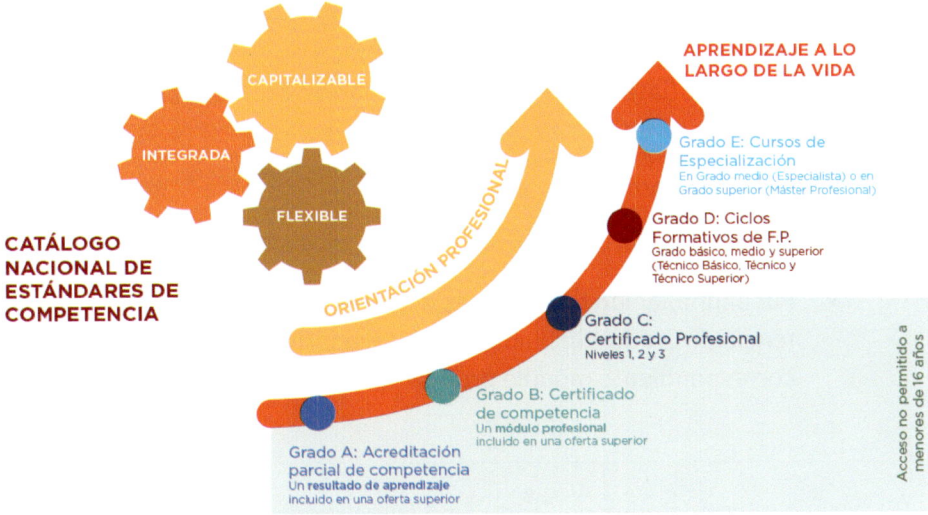

Figura 1.4. Nuevo modelo de Formación Profesional. Ley Orgánica 2022.
Fuente: Gobierno de España.

- **Grado A**

  — Constituye la oferta de base del Sistema de Formación Profesional, tiene carácter parcial y acumulable, y conduce a la obtención de una **acreditación parcial de competencia.**

  — Esta acreditación parcial de competencia podrá incluir uno o **varios elementos de competencia de un módulo profesional** contemplado en el Catálogo Modular de Formación Profesional y vinculado al Catálogo Nacional de Estándares de Competencias Profesionales.

  — Si solo se refiere a un único elemento de competencia, la Administración competente garantizará la **oferta complementaria** del resto de elementos de competencia que completen el estándar de competencia.

El acceso a formaciones de Grado A no exige requisitos académicos ni profesionales.

La consecución de todas las acreditaciones parciales de competencia correspondientes a un **estándar de competencia profesional** implicará la superación del Grado B.

- **Grado B**

  — Constituye el objeto de la oferta de carácter parcial y acumulable del Sistema de Formación Profesional referida a un **módulo profesional** incluido en el Catálogo Modular de Formación Profesional y conduce a la obtención de un Certificado de Competencia.

  — El Grado B de Formación Profesional podrá obtenerse:

    ✓ Por superación de la formación relativa al módulo.

    ✓ Por acumulación de todas las acreditaciones parciales de competencia de Grado A incluidas en aquella formación que completen el correspondiente módulo profesional.

El acceso a formaciones de Grado A no exige requisitos académicos ni profesionales.

La superación de una formación de Grado B (o la posesión de todas las acreditaciones parciales de competencia del módulo profesional) **da derecho al Certificado de Competencia.**

- **Grado C**

  — Constituye la oferta, parcial y acumulable del sistema de Formación Profesional, de varios módulos profesionales y conduce a la obtención de un **Certificado Profesional** en el que se detallen los módulos profesionales superados.

  — Podrá obtenerse por la superación de la formación del Certificado completo o por la posesión de los Certificados de Competencia de Grado B que completen la totalidad de los módulos profesionales incluidos en el Certificado.

  — Las Administraciones competentes podrán proponer cursos de Grado C diferentes a los **previstos en el Catálogo Nacional de Ofertas de Formación Profesional** para atender a las demandas de su mercado productivo, con validez exclusiva en el ámbito territorial.

  — El diseño de un curso de Grado C **deberá incluir la realización de un periodo de formación en empresa** u organismo equiparado.

Para el acceso a las formaciones de Grado C deberán cumplirse alguno de los siguientes requisitos, en función del nivel 1, 2 o 3 de los estándares de competencia profesional a los que esté asociada:

a) **Grado C, nivel 1.** No se exigen requisitos académicos ni profesionales, aunque se han de poseer las **habilidades de comunicación lingüística** suficientes que permitan el aprendizaje.

b) **Grado C, nivel 2.** Graduado en Educación Secundaria Obligatoria, un Certificado Profesional de nivel 2, un Certificado de Competencia incluido en la oferta que se va a realizar o un Certificado Profesional de nivel 1 de la misma familia profesional.

c) **Grado C nivel 3.** Título de Técnico, de Bachiller o equivalente; un Certificado Profesional de nivel 3; un Certificado de Competencia incluido en la oferta que se va a realizar o un Certificado Profesional de nivel 2 de la misma familia profesional.

Las Administraciones competentes **realizarán pruebas de acceso individuales** para aquellas personas que no reúnan los requisitos del apartado anterior, y que permitan comprobar que se dispone de las competencias básicas necesarias para el aprovechamiento de la formación.

- **Grado D**

  El Grado D del Sistema de Formación Profesional se corresponde con los ciclos formativos de Formación Profesional que forman parte del sistema educativo español en los términos establecidos en la **Ley Orgánica 2/2006, de 3 de mayo, de Educación.**

  Deberán tener carácter modular e incluir:

  — Módulos profesionales asociados a un estándar de competencia profesional o, excepcionalmente, a varios.

  — Módulos profesionales no asociados a estándares de competencia profesional.

  — Módulos específicos opcionales en Grado Medio y Superior.

  — Proyecto intermodular, con carácter integrador de los conocimientos.

  — Fase de formación en la empresa.

- **Grado E**

  — Complementan las competencias de **quienes ya disponen de un título de Formación Profesional** o cumplan las condiciones de acceso que para cada uno de los cursos se determinen.

  — Tienen carácter modular y podrán formar parte de la educación secundaria postobligatoria o de la educación superior.

  — Tendrán una duración básica entre 300 y 900 horas, y podrán desarrollarse con carácter dual.

Una característica común a los Grados C y D es que la formación tiene carácter dual.

LO 3/2022. Artículo 12

12. **Formación profesional dual:** la Formación Profesional que se realiza armonizando los procesos de enseñanza y aprendizaje entre el centro de Formación Profesional y la empresa u organismo equiparado, en corresponsabilidad entre ambos agentes, con la finalidad de la mejora de la empleabilidad de la persona en formación.

Como resumen del modelo, consulta el documento Anexo **Mapa de Oportunidades de aprendizaje en la nueva Formación Profesional.**

1.2. Catálogo Nacional de Estándares de Competencia Profesional y formación modular, niveles de cualificación

La Ley Orgánica 5/2002, de 19 de junio, de las Cualificaciones y la Formación Profesional (derogada) dio origen al **Sistema Nacional de Cualificaciones y de Formación Profesional** (SNCFP).

Esta ley define el Sistema Nacional de Cualificaciones y Formación Profesional, que es el conjunto de instrumentos y acciones necesarios para promover y desarrollar la integración de las ofertas de la Formación Profesional, a través del Catálogo Nacional de Cualificaciones Profesionales, así como la evaluación y acreditación de las correspondientes competencias profesionales, de forma que se favorezca el desarrollo profesional y social de las personas y se cubran las necesidades del sistema productivo.

Estos instrumentos y acciones son:

- El **Catálogo Nacional de Cualificaciones Profesionales**, que ordenará las identificadas en el sistema productivo en función de las competencias apropiadas para el ejercicio profesional que sean susceptibles de reconocimiento y acreditación.

- Un **procedimiento de reconocimiento, evaluación, acreditación y registro** de las cualificaciones profesionales.

- La **información y orientación** en materia de Formación Profesional y empleo.

- La **evaluación y mejora** de la calidad del Sistema Nacional de Cualificaciones y Formación Profesional que proporcione la oportuna información sobre el funcionamiento de este y sobre su adecuación a las necesidades formativas individuales y a las del sistema productivo.

- A través de los referidos instrumentos y acciones se promoverá la **gestión coordinada** de las distintas Administraciones públicas con competencias en la materia.

Este Catálogo Nacional de Cualificaciones Profesionales se regula por el Real Decreto 1128/2003, de 5 de septiembre (en la fecha de redacción de este manual aún está vigente).

RD 1128/2003. Artículo 3.3

El Catálogo Nacional de las Cualificaciones Profesionales constituye la base para elaborar la oferta formativa conducente a la obtención de los títulos de **Formación Profesional** y de los **certificados de profesionalidad** y la oferta **formativa modular y acumulable** asociada a una unidad de competencia, así como de otras ofertas formativas adaptadas a colectivos con necesidades específicas. Asimismo, contribuirá, con el resto de los instrumentos y acciones establecidos, al desarrollo del Sistema Nacional de Cualificaciones y Formación Profesional en materia de información y orientación profesional y en la evaluación y mejora de la calidad del mismo.

La Ley 3/2022 prevé crear el Catálogo Nacional de Estándares de **Competencias** Profesionales en sustitución de este Catálogo Nacional de **Cualificaciones** Profesionales.

Esta sustitución no es únicamente un cambio en la denominación, pero ahí radica su importancia. El término cualificaciones se sustituye por competencias:

Esta denominación (competencia) se alinea con la que se utiliza en el resto de países de la Unión Europea y evita, de ese modo, los errores interpretativos que el término cualificación ha venido arrastrando a lo largo del tiempo.

Así, las definiciones actualizadas son:

- **Competencia profesional:** el conjunto de conocimientos y destrezas que permiten el ejercicio de la actividad profesional conforme a las exigencias de la producción y el empleo. Las competencias profesionales se recogen en los **estándares de competencia profesional,** que servirán para el diseño de cualquier oferta de Formación Profesional.

- **Cualificación:** la competencia para el desempeño de una actividad profesional acreditada **oficialmente por títulos,** certificados o acreditaciones.

Es decir, que la competencia profesional es algo que «posee» una persona y la habilita para desarrollar una actividad profesional, mientras que una cualificación es, simplificando, un diploma.

ACTIVIDAD 1.1

Busca, en la Ley 5/2002, las definiciones de **cualificación** y **competencia profesional** (artículo 5). Comprobarás que la diferencia entre ambas era muy sutil y se confundían con facilidad.

El responsable de este catálogo es el **Instituto Nacional de Cualificaciones Profesionales (INCUAL),** que tiene la responsabilidad de definir, elaborar y mantener actualizado el Catálogo Nacional de las Cualificaciones Profesionales y el correspondiente **Catálogo Modular de Formación Profesional** asociado a este.

Los principales objetivos del INCUAL son:

- La observación de las cualificaciones y su evolución.

- La determinación de las cualificaciones.

- La acreditación de las cualificaciones.

- El desarrollo de la integración de las cualificaciones profesionales.

- El seguimiento y evaluación del Programa Nacional de Formación Profesional.

El RD 375/1999 organiza el INCUAL en cuatro áreas funcionales:

INSTITUTO NACIONAL DE LAS CUALIFICACIONES (INCUAL)	
ÁREAS	**OBJETIVOS Y FUNCIONES**
OBSERVATORIO PROFESIONAL	Establecer los procedimientos y convenios necesarios que aseguren la cooperación y el flujo recíproco de información entre los diferentes observatorios profesionales. Dichos convenios incluirán la participación de los agentes sociales, con quienes se definirán las especificaciones técnicas de la información a proporcionar y recibir, así como sus contenidos mínimos. Proporcionar información sobre la evolución de la demanda y oferta de las profesiones, ocupaciones, y perfiles en el mercado de trabajo, teniendo en cuenta, entre otros, los sistemas de clasificación profesional surgidos de la negociación colectiva.
INVESTIGACIÓN METODOLÓGICA Y ARTICULACIÓN DEL SISTEMA NACIONAL DE CUALIFICACIONES PROFESIONALES	Proponer un procedimiento para la evaluación, reconocimiento y acreditación de la competencia profesional. Realizar el seguimiento y evaluación de cada cualificación y de su Formación Profesional asociada.
DISEÑO DE LAS CUALIFICACIONES	Definir, elaborar y mantener actualizado el Catálogo Nacional de las Cualificaciones Profesionales. Determinar los módulos asociados a cada cualificación para conformar el Catálogo Modular de Formación Profesional, donde se incluyen los requisitos básicos que debe cumplir el contexto formativo para asegurar su calidad.
INFORMACIÓN Y DE GESTIÓN DE LOS RECURSOS	Gestionar los recursos y la información del INCUAL.

Cuadro elaborado a partir de información del Ministerio de Educación, Cultura y Deporte, 2014.

1.2.1. Catálogo Nacional de Estándares de Competencia Profesional

La LO 3/2022 establece las características del Catálogo Nacional de Estándares de Competencias en el Capítulo II. Sección 1ª.

El Catálogo Nacional de Estándares de Competencias profesionales es el instrumento del Sistema Nacional de Formación Profesional que ordena **los estándares de competencias profesionales** identificados en el sistema productivo, en función de las competencias apropiadas y el estándar de calidad requerido para el ejercicio profesional, susceptibles de reconocimiento y acreditación.

> Estándar de competencia: el conjunto detallado de elementos de competencia que describen el desempeño de las actividades y las tareas asociadas al ejercicio de una determinada actividad profesional con el estándar de calidad requerido. Será la **unidad o elemento de referencia** para diseñar, desarrollar y actualizar ofertas de Formación Profesional.
>
> Un estándar de competencia está compuesto de **elementos de competencia,** que identifican las realizaciones profesionales incluidas en el estándar.

Tomando como base la observación y el análisis permanente del sistema productivo y las demandas de la sociedad, el Catálogo Nacional de Estándares de Competencias Profesionales:

* **Identificará, clasificará y ordenará las competencias** propias del mercado laboral significativas para la economía productiva con validez en todo el territorio nacional. El catálogo podrá, asimismo, recoger aquellos perfiles profesionales que, por su valor cultural o patrimonial específico, requieran una especial protección.

* Operará como **referencia obligada para la acreditación de competencias** profesionales adquiridas por experiencia laboral u otras vías no formales o informales.

* Proporcionará la **base para el diseño de los módulos profesionales y la creación de ofertas de Formación Profesional**, basadas en itinerarios, acumulables y acreditables a lo largo de la vida, así como para la movilidad en un mercado de trabajo internacional sobre la base de transparencia y, en su caso, equivalencia de marcos comunes entre los diferentes sistemas nacionales de Formación Profesional de la Unión Europea.

El contenido del Catálogo Nacional de Estándares de Competencias Profesionales se organizará en **estándares de competencia**, por **niveles** y **familias profesionales** con sus respectivos indicadores de calidad en el desempeño:

a) Los **niveles 1, 2 y 3** asignados a cada estándar de competencia seguirán criterios relativos a **conocimientos, iniciativa, autonomía, responsabilidad y complejidad** de las tareas.

  I. Nivel 1: Competencia en un conjunto reducido de actividades de trabajo relativamente **simples** correspondientes a procesos normalizados, siendo los conocimientos teóricos y las capacidades prácticas para aplicar limitados.

II. Nivel 2: Competencia en un conjunto de actividades profesionales bien determinadas con la capacidad de **utilizar los instrumentos y técnicas propias,** que concierne principalmente a un trabajo de ejecución que puede ser autónomo en el límite de dichas técnicas. Requiere conocimientos de los fundamentos técnicos y científicos de su actividad y capacidades de comprensión y aplicación del proceso.

III. Nivel 3: Competencia en un conjunto de actividades profesionales que requieren el **dominio** de diversas técnicas y puede ser ejecutado de forma autónoma, comporta responsabilidad de coordinación y supervisión de trabajo técnico y especializado. Exige la comprensión de los fundamentos técnicos y científicos de las actividades y la evaluación de los factores del proceso y de sus repercusiones económicas.

b) Las **familias profesionales** se definirán, a efectos orientativos y de organización del sistema, atendiendo a **criterios de afinidad** de la competencia profesional, pudiendo un estándar de competencia vincularse a más de una familia profesional.

Actividades Físicas y Deportivas

Administración y Gestión

Agraria

Artes Gráficas

Artes y Artesanías

Comercio y Marketing

Edificación y Obra Civil

Electricidad y Electrónica

Energía y Agua

Fabricación Mecánica

Hostelería y Turismo

Imagen Personal

Imagen y Sonido

Industrias Alimentarias

Industrias Extractivas

Informática y Comunicaciones

Instalación y Mantenimiento

Madera, Mueble y Corcho

Marítima-Pesquera

Química

Sanidad

Seguridad y Medio Ambiente

Servicios Socioculturales y a la Comunidad

Textil, Confección y Piel

Transporte y Mantenimiento de Vehículos

Vidrio y Cerámica

Figura 1.5. Las 26 familias profesionales en las que se organiza el sistema de FP.

c) Los estándares de competencia constituyen la **unidad básica** para el diseño de la formación y para la acreditación de competencias profesionales adquiridas por experiencia laboral u otras vías no formales o informales.

UC2775_2: Ejecutar los elementos técnico-tácticos propios de la iniciación en triatlón
UC2776_2: Concretar, dirigir y dinamizar sesiones secuenciadas de triatlón en el nivel de iniciación
UC2777_2: Dinamizar acciones de promoción y acompañamiento a deportistas, en eventos y/o competiciones de triatlón

Figura 1.6. Ejemplo de estándares de competencia.

d) Los estándares de competencia se componen de **elementos de competencia,** que identifican las **realizaciones profesionales** incluidas en ellos.

RP1: Dominar el medio acuático desenvolviéndose en él eficientemente, manejando los estilos de nado para nadar en piscina y aguas abiertas.
CR1.1 Los estilos de natación, con sus volteos y entradas al agua, se ejecutan, manejándose como recurso de entrenamiento para la competición.
CR1.2 El estilo crol, como base de la natación en el triatlón, se ejecuta, consiguiendo el máximo rendimiento en piscina en las diferentes distancias de competición.
CR1.3 El estilo crol, como base de la natación en el triatlón, se adapta a las características de las aguas abiertas.
CR1.4 Las habilidades propias de la natación en aguas abiertas se ejecutan, atendiendo al medio donde se nade (río, mar, pantano, entre otros) y a las características de los diferentes circuitos de competición.
CR1.5 La técnica de nado, el ritmo y la posición en el grupo durante el segmento de natación se ajustan, previo análisis de la situación y consiguiente toma de decisión.

Figura 1.7. Ejemplo de realizaciones profesionales.

e) Los estándares de competencia podrán tener, excepcionalmente, carácter transversal, cuando se refieran a competencias no asociadas a una o varias familias profesionales específicas, sino a múltiples desempeños profesionales.

Se prevé promover:

- La utilización del catálogo como herramienta de empleabilidad de las personas, facilitando la mejor visión del conjunto de sus competencias y de sus potencialidades.

- El uso del catálogo por las personas empleadoras en la búsqueda y definición de perfiles profesionales que requieran en cada momento.

Nota: La LO 3/2022, Disposición transitoria tercera, establece que:

- Hasta que se proceda al desarrollo reglamentario de lo previsto en la presente ley en relación con el Catálogo Nacional de Estándares de Competencias Profesionales, mantendrá su vigencia la ordenación del **Catálogo Nacional de Cualificaciones Profesionales** recogida en el Real Decreto 1128/2003, de 5 de septiembre, por el que se regula el Catálogo Nacional de Cualificaciones Profesionales.

- El **Instituto Nacional de las Cualificaciones** mantendrá la organización, estructura y funciones previstas en el Real Decreto 375/1999, de 5 de marzo, por el que se crea el Instituto Nacional de las Cualificaciones hasta que se proceda a la ordenación reglamentaria de dicho organismo en el marco de la presente ley.

Por tanto, a continuación se expondrán las bases de este **Catálogo Nacional de Cualificaciones Profesionales** vigente.

El RD 1128/2003 regula que todas aquellas cualificaciones profesionales que se incorporen al CNCP, «deberán contener, al menos, los siguientes elementos, sin que ello constituya regulación del ejercicio profesional:

a) Los datos de identificación de la cualificación, en los que figurarán: la denominación oficial, la familia profesional en la que se incluye, el nivel de cualificación y un código alfanumérico.

b) La competencia general, que describe de forma abreviada el cometido y funciones esenciales del profesional.

c) Las unidades de competencia, que corresponden a la cualificación.

d) El entorno profesional, en el que se indica, con carácter orientador, el ámbito profesional, los sectores productivos y las ocupaciones o puestos de trabajo relacionados.

e) La formación asociada, estructurada en módulos formativos».

Podemos verlo representado en la siguiente tabla:

ESTRUCTURA DE UNA CUALIFICACIÓN PROFESIONAL
DATOS DE IDENTIFICACIÓN
DENOMINACIÓN
NIVEL
COMPETENCIA GENERAL
ENTORNO PROFESIONAL

UNIDADES DE COMPETENCIA	FORMACIÓN ASOCIADA
Unidad de competencia 1	Módulo formativo 1
Unidad de competencia 2	Módulo formativo 2
Unidad de competencia n	Módulo formativo n

Aquí, aparece el concepto **unidad de competencia.** Se considera como unidad de competencia «el agregado mínimo de competencias profesionales, susceptible de reconocimiento y acreditación parcial». Como podemos deducir la definición, esta unidad de competencia se corresponde con los **estándares de competencia** de la nueva ley.

La unidad de competencia debe contener los siguientes elementos:

a) DATOS DE IDENTIFICACIÓN: en los que figurarán la denominación, el nivel y el código asignado.

b) REALIZACIONES PROFESIONALES: entendidas como elementos de la competencia que establecen el comportamiento esperado de la persona, en forma de consecuencias o resultados de las actividades que realiza.

c) CRITERIOS DE REALIZACIÓN: que expresan el nivel aceptable de la realización profesional que satisface los objetivos de las organizaciones productivas y constituye una guía para la evaluación de la competencia profesional.

d) CONTEXTO PROFESIONAL: define, con carácter orientador, los medios de producción, productos y resultados del trabajo, información utilizada o generada y cuantos elementos similares se consideren necesarios para enmarcar la realización profesional.

En el CNCP, cada unidad de competencia llevará asociada un módulo formativo.

Los **módulos formativos** están definidos en el RD 1128/2003, Artículo 8, como «el bloque coherente de formación asociado a cada una de las unidades de competencia que configuran la cualificación».

El módulo formativo constituirá la unidad mínima de formación profesional acreditable para establecer las enseñanzas conducentes a la obtención de los títulos de formación profesional y los certificados profesionales.

Cada módulo formativo tiene un formato normalizado, que consta de:

- DATOS DE IDENTIFICACIÓN:
  - Denominación
  - Nivel de cualificación al que se vincula
  - Código alfanumérico
  - Unidad de competencia a la que está asociado
  - Duración en horas
- ESPECIFICACIONES DE LA FORMACIÓN:
  - Capacidades: expresión de los resultados esperados de las personas en situación de aprendizaje al finalizar el módulo formativo.
  - Criterios de evaluación: conjunto de precisiones para cada capacidad que indican el grado de concreción aceptable de la misma. Delimitan el alcance y nivel de la capacidad y el contexto en el que va a ser evaluada.
  - Contenidos formativos necesarios para adquirir las competencias a las que se asocia.
  - Requisitos básicos del contexto formativo: espacios e instalaciones y perfil profesional del formador. Estos requisitos tienen carácter orientador para la normativa básica reguladora de las ofertas formativas.

Estas especificaciones se incluirán en las ofertas formativas, conducentes a la obtención de títulos de formación profesional y certificados profesionales, referidas al CNCP.

El CNCP tiene su origen en la Ley Orgánica 5/2002, de 19 de junio, de las Cualificaciones y de la Formación Profesional (derogada) y regulado por el RD 1128/2003, de 5 de septiembre, por el que se regula el Catálogo Nacional de Cualificaciones Profesionales.

Con la creación del CNCP, se pretende tanto elaborar un instrumento integrador de las diferentes ofertas de la Formación Profesional como adecuar dicha modalidad formativa a los requerimientos del sistema productivo. Asimismo, se busca un elemento referencial de evaluación y reconocimiento de las competencias profesionales adquiridas por las personas a lo largo de su vida, tanto por vías formales como por vías informales. Con esto se pretende mejorar cualitativamente tanto la Formación Profesional en todo su conjunto como fortalecer el sistema productivo y social, gracias a la promoción del desarrollo en la formación, información y orientación de las personas, que repercutirán en una adecuada inserción sociolaboral.

Para lograr estos fines, el CNCP desarrolla las siguientes funciones (RD 1128/2003, Artículo 3):

a) Identificar, definir y ordenar las cualificaciones profesionales y establecer sus correspondientes contenidos formativos. Determinar las ofertas formativas conducentes a la obtención de títulos de formación profesional y de certificados de profesionalidad.

b) Evaluar, reconocer y acreditar las competencias profesionales adquiridas a través de la experiencia profesional o de vías no formales de formación.

c) Asimismo, el catálogo servirá para facilitar la información y orientación profesional y los procesos de evaluación y mejora de la calidad del Sistema Nacional de Cualificaciones y Formación Profesional y para establecer ofertas formativas adaptadas a colectivos con necesidades específicas.

El CNCP está constituido por las cualificaciones profesionales más significativas, identificadas en el sistema productivo y ordenadas por niveles de cualificación y familias profesionales.

El CNCP define 26 familias profesionales y tres niveles de cualificación.

Los niveles se establecen atendiendo a la competencia profesional requerida por las actividades productivas en función de criterios de complejidad de la tarea, conocimientos necesarios para su realización, así como iniciativa, autonomía y responsabilidad, entre otros, de la actividad desarrollada.

La definición de estos niveles es similar a la que ya se había especificado. ¿Recuerdas en qué se basa el establecimiento de un nivel determinado?

1.3. Catálogo Modular de Formación Profesional

Otro de los instrumentos de la Ley 3/2023 es el Catálogo Modular de Formación Profesional.

El Catálogo Modular de Formación Profesional es el instrumento del Sistema Nacional de Formación Profesional que ordena los **módulos profesionales** de Formación Profesional asociados a cada uno de los estándares de competencias profesionales.

El Catálogo Modular de Formación Profesional:

a) Determinará los **módulos profesionales** vinculados a cada uno de **los estándares de competencias profesionales** recogidos en el Catálogo Nacional de Estándares de Competencias Profesionales.

b) Operará como referencia obligada para el **diseño de las ofertas del Catálogo Nacional** de Ofertas de Formación Profesional.

El contenido del Catálogo Modular de Formación Profesional se organizará respetando los **niveles y las familias profesionales** de los estándares de competencia profesional con sus respectivos indicadores de calidad en el desempeño y favoreciendo la transparencia de la vinculación directa entre cada estándar de competencia profesional y la formación asociada, agregada en un módulo profesional.

Los **módulos profesionales** permitirán, por su diseño, identificar la formación vinculada a cada elemento del estándar de competencia y deberán detallar, al menos:

a) Los resultados de aprendizaje vinculados a los elementos de cada estándar de competencia profesional.

b) Los criterios de evaluación.

Asimismo, el Real Decreto 659/2023, de 18 de julio, por el que se desarrolla la ordenación del Sistema de Formación Profesional, establece que «los Grados de Formación Profesional responden a los correspondientes currículos, que deben articularse por módulos o, en el caso de grados A, por **bloques formativos** (...)» (artículo 6).

> Los **módulos profesionales** constituyen una unidad coherente de formación, a efectos de **planificación y diseño de los aspectos básicos del currículo,** para el logro de las competencias profesionales y para la empleabilidad que se pretendan alcanzar en la oferta formativa de los Grados B, C, D y E (artículo 11).

En el Grado A, menor que el módulo profesional, se presenta desagregado en bloques formativos de menor duración.

Cada módulo profesional tiene la estructura siguiente:

- La denominación y el código identificador.
- Los resultados de aprendizaje correspondientes a los elementos de competencia de cada estándar de competencia profesional.

- Los criterios de evaluación asociados a cada resultado de aprendizaje.

- La duración mínima en la modalidad presencial.

- El número de créditos ECTS, en caso de responder a un estándar o estándares de competencia de nivel 3.

- Los requisitos del personal docente y formador.

ECTS. **Sistema Europeo de Transferencia y Acumulación de Créditos** que hace posible que los créditos cursados en una institución de educación superior sean válidos para una titulación estudiada en otro centro similar.

1.3.1. Formación modular

La existencia de este catálogo facilita la **formación modular**, que podrá estar asociada a formación de grado C, D y E. De esta forma, la formación se adapta más fácilmente a las necesidades y circunstancias personales y laborales, así como al ritmo personal de aprendizaje.

La modalidad modular está destinada a los mayores de dieciocho años, preferentemente a aquellas personas que necesiten cursar uno o varios módulos profesionales para completar un Grado de Formación Profesional, o bien a personas con un certificado profesional, un título de Técnico o de Técnico Superior que permita ser complementado y especializado con esta oferta modular.

Se permitirá el acceso a la formación modular a **personas adultas con experiencia laboral** que no reúnan las condiciones académicas establecidas para el acceso a la formación:

- El cumplimiento de los requisitos de acceso no condicionará el reconocimiento de la formación modular realizada en términos de certificación, siendo exigibles únicamente en caso de solicitud de un certificado profesional o título correspondiente.

- El centro que imparta esta formación realizará, en estos casos, el acompañamiento en el procedimiento de acreditación de competencias básicas para personas adultas que se regule.

1.4. Subsistema de Formación Profesional reglada. Programas de cualificación profesional inicial y ciclos formativos: características, destinatarios y duración

La Formación Profesional reglada en España está regulada por la Ley Orgánica 3/2022, de 31 de marzo, de ordenación e integración de la Formación Profesional y la Ley Orgánica 2/2006, de 3 de mayo, de Educación (modificada por la Ley Orgánica 3/2020, de 29 de diciembre, la famosa LOMLOE y anteriormente por la LOMCE).

> La Ley 3/2022 ha unificado los subsitemas de FP en un único sistema, por lo que hablar de substitema no tiene sentido.

Desarrollaremos en este punto las característica de la Formación Profesional de Grado D, que es la que se imparte exclusivamente en los centros educativos.

La LOMLOE establece, en el Capítulo V, Artículo 40, que la Formación Profesional en el sistema educativo tiene como objetivos:

a) Desarrollar las competencias propias de cada título de formación profesional.

b) Comprender la organización y las características del sector productivo correspondiente, así como los mecanismos de inserción profesional.

c) Conocer la legislación laboral y los derechos y obligaciones que se derivan de las relaciones laborales.

d) Aprender por sí mismos y trabajar en equipo, así como formarse en la prevención de conflictos y en la resolución pacífica de los mismos en todos los ámbitos de la vida personal, familiar y social, con especial atención a la prevención de la violencia de género.

e) Fomentar la igualdad efectiva de oportunidades entre hombres y mujeres, así como de las personas con discapacidad, para acceder a una formación que permita todo tipo de opciones profesionales y el ejercicio de las mismas.

f) Trabajar en condiciones de seguridad y salud, así como prevenir los posibles riesgos derivados del trabajo.

g) Desarrollar una identidad profesional motivadora de futuros aprendizajes y adaptaciones a la evolución de los procesos productivos y al cambio social.

h) Desarrollar las competencias de innovación y emprendimiento que favorezcan su empleabilidad y desarrollo profesional.

i) Preparar al alumnado para su progresión en el sistema educativo.

j) Conocer y prevenir los riesgos medioambientales.

k) Preparar al alumnado en materia de digitalización en su sector productivo.

Recuerda que el Grado D del sistema de Formación Profesional se corresponde con los **ciclos formativos de Formación Profesional** que forman parte del sistema educativo español en los términos establecidos en la Ley Orgánica 2/2006, de 3 de mayo.

En cuanto a **organización,** la Formación Profesional reglada en el ámbito educativo español comprenderá un conjunto de:

a) Ciclos Formativos de Grado Básico.

b) Ciclos Formativos de Grado Medio.

c) Ciclos Formativos de Grado Superior.

La formación se organizará de manera modular, con una duración variable que integre los contenidos teórico-prácticos adecuados para diversos campos profesionales.

- Los ciclos formativos tendrán una organización modular, que integre los resultados de aprendizaje adecuados a los diversos campos profesionales e incluya:

    a) Módulos profesionales asociados, cada uno de ellos, a un estándar de competencia profesional o, excepcionalmente, a varios.

    b) Módulos profesionales no asociados a estándares de competencia profesional, sino a la orientación laboral, el emprendimiento, y competencias transversales y para la madurez socioprofesional.

    c) Módulos específicos, vinculados a la optatividad en grado medio y superior.

    d) Proyecto intermodular.

- Todos los ciclos formativos se desarrollarán, con carácter dual, entre el centro de formación y la empresa, incluyendo una fase de formación en empresa.

- La duración de los ciclos formativos podrá ser variable. No obstante, la de los ciclos de grado básico será de 2 cursos académicos, y la de los de grado medio y superior podrá variar, en su caso, entre 2 o 3 cursos académicos, de acuerdo con el currículo básico que se establezca para cada ciclo formativo.

- En cuanto a **recursos,** se impartirá la formación por personas con licenciatura, ingeniería, arquitectura o que tengan el título de Grado correspondiente, todas ellas con formación didáctica acreditada a nivel de postgrado.

- Los Ciclos de FP conducen a los Títulos de FP, los cuales están referidos, con carácter general, al Catálogo Nacional de Cualificaciones Profesionales.

- La evaluación del aprendizaje del alumnado en los diferentes ciclos Formativos de Formación Profesional se realizará por módulos profesionales.

- Los alumnos y alumnas que superen un ciclo formativo de grado básico recibirán el título de **Graduado en Educación Secundaria Obligatoria.**

  Aquellos que obtengan este título tras superar un ciclo formativo de grado básico recibirán asimismo el título de **Técnico Básico en la especialidad correspondiente.**

- Los alumnos y alumnas que superen los ciclos formativos de grado medio de la formación profesional recibirán el título de **Técnico o Técnica del perfil profesional correspondiente.**

  El título de Técnico o Técnica de Formación Profesional permitirá el acceso a los ciclos formativos de **grado superior** de la formación profesional del sistema educativo y de las enseñanzas profesionales de artes plásticas y diseño.

- Los alumnos y alumnas que superen los ciclos formativos de grado superior de la formación profesional obtendrán el título de **Técnico o Técnica Superior.**

El título de Técnico o Técnica Superior permitirá el acceso, previa superación de un procedimiento de admisión, a los **estudios universitarios de grado**.

Figura 1.10. Titulaciones de Formación Profesional.

1.4.1. Ciclos formativos de Grado Básico: características, destinatarios y duración

Son ciclos **formativos de Grado Básico,** con carácter general, los vinculados a estándares de competencia de nivel 1 del Catálogo Nacional de Estándares de Competencias Profesionales.

Tal como establece la Ley Orgánica 2/2006, de 3 de mayo, de Educación, los ciclos formativos de Grado Básico constarán de tres ámbitos y un proyecto integrador:

- **Ámbito de Comunicación y Ciencias Sociales,** con las siguientes materias:

  — 1.º Lengua castellana.

  — 2.º Lengua extranjera de iniciación profesional.

  — 3.º Ciencias sociales.

  — 4.º En su caso, lengua cooficial.

- **Ámbito de Ciencias Aplicadas,** con las siguientes materias:

  — 1.º Matemáticas aplicadas.

  — 2.º Ciencias aplicadas.

- **Ámbito Profesional,** que incluirá al menos la formación necesaria para obtener un **certificado profesional de Grado C** vinculado a **estándares de competencia de nivel 1** del Catálogo Nacional de Estándares de Competencias Profesionales.

- **Proyecto anual de aprendizaje** colaborativo vinculado a los tres ámbitos anteriores.

La Ley Orgánica 2/2006, de 3 de mayo, de Educación, estipula el **acceso** a dichos programas al cumplimiento de las siguientes condiciones:

- Mayores de dieciséis años cumplidos antes del 31 de diciembre del año del inicio del programa.

- No haber obtenido el título de Graduado en ESO.

- Excepcionalmente también podrán acceder alumnos de quince años con el acuerdo de padres, madres y docentes. Además de tener una edad de quince años, este alumnado debe haber cursado segundo de la ESO y no estar en condiciones de promocionar a tercero, así como haber repetido ya una vez en secundaria.

- Para acceder a la formación práctica en empresa por esta modalidad, al estar vinculada a la contratación, se deben tener cumplidos los dieciséis años.

> Además, no regirán los requisitos de acceso vinculados a la escolarización para jóvenes entre quince y dieciocho años que **no hayan estado escolarizados en el sistema educativo español** y cuyo itinerario educativo aconseje su incorporación a un ciclo formativo de Grado Básico como el itinerario más adecuado y en las condiciones que reglamentariamente se determinen.

Metodología

Teniendo en cuenta la tipología del alumnado, los criterios pedagógicos con los que se desarrollarán los programas formativos de estos ciclos se adaptarán a sus características, adoptando preferentemente una organización de la formacíon por **proyectos de aprendizaje colaborativo.**

También se fomentarán:

- El desarrollo de habilidades sociales y emocionales.

- El trabajo en equipo.

- La utilización de las tecnologías de la información y la comunicación. En este aspecto, se proporcionarán los apoyos necesarios para remover las barreras de aprendizaje, de acceso a la información y a la comunicación y garantizar la igualdad de oportunidades.

> Asimismo, **la tutoría y la orientación profesional** tendrán una especial consideración, realizando un acompañamiento socioeducativo personalizado.

Evaluación

La evaluación del aprendizaje del alumnado deberá efectuarse **de forma continua, formativa e integradora** y realizarse por ámbitos y proyectos, teniendo en cuenta la globalidad del ciclo desde la perspectiva de las nuevas metodologías de aprendizaje.

Se establecerán las medidas más adecuadas para que las condiciones de realización de los procesos asociados a la evaluación se adapten a las necesidades de cada persona en formación con necesidad específica de apoyo educativo.

> Además del título de Técnico Básico, **el alumnado que supere un ciclo formativo de Grado Básico obtendrá el título de Graduado en Educación Secundaria Obligatoria.**

Oferta de ciclos formativos de grado básico

Los ciclos **formativos de Grado Básico** están coordinados por las diferentes Administraciones educativas del territorio español, pudiendo impartir y/o participar de esta modalidad formativa las siguientes instituciones:

- Centros educativos.

- Corporaciones locales.

- Asociaciones profesionales.

- Organizaciones no gubernamentales.

- Centros de segunda oportunidad.

- Entidades empresariales y sindicales.

Duración

- La duración de los ciclos formativos de Grado Básico será de **dos cursos académicos a tiempo completo,** pudiendo ser ampliada a tres cursos académicos en los casos en que los ciclos formativos sean incluidos en régimen intensivo, con el objeto de que las personas en formación adquieran la totalidad de los resultados de aprendizaje incluidos en el título.

- En el caso de ofertas dirigidas a jóvenes o personas adultas con perfiles que lo justifiquen, las Administraciones competentes podrán autorizar una modificación de su duración a tres cursos académicos.

- En el caso de las **ofertas en centros del sistema educativo,** los alumnos y las alumnas podrán permanecer cursando un ciclo de Formación Profesional de Grado Básico durante un **máximo de cuatro cursos académicos.** Las personas estudiantes escolarizadas en centros ordinarios o en centros de educación especial podrán permanecer escolarizadas, al menos, hasta los veintiún años.

1.4.2. Ciclos formativos: características, destinatarios y duración

Los ciclos formativos de **Grado Medio y Superior** deberán tener carácter modular e incluir:

- Módulos profesionales asociados a un estándar de competencia profesional o, excepcionalmente a varios.

- Módulos profesionales no asociados a estándares de competencia profesional.

- Módulos específicos vinculados a la optatividad en Grado Medio y Superior.

- Proyecto intermodular.

  — Se desarrollará de forma simultánea al resto de los módulos profesionales, existiendo un seguimiento y tutorización individual y colectiva.

  — Podrá tener carácter anual o bienal, con una duración mínima de **25 horas** en cada curso y deberá defenderse ante el equipo docente, al que, en su caso, podrá incorporarse el tutor o tutora de empresa.

  — Además, si el equipo docente así lo decide, el currículo podrá organizarse en proyectos intermodulares.

También incluirán una **fase de formación en empresa** u organismo equiparado, de la que podrán quedar exentos quienes acrediten una experiencia laboral. Podrán efectuarse ofertas de **Grado D basadas en dobles titulaciones.**

La duración de los ciclos de Grado Medio y Superior podrá variar, en su caso, entre **dos o tres cursos** académicos.

En relación con el sistema educativo, tendrán la condición de:

- **Educación secundaria postobligatoria**, los de Grado Medio y Cursos de Especialización Grado Medio.

- **Educación superior**, los de Grado Superior y Cursos de Especialización Grado Superior.

Estructura

Los ciclos formativos de Grado Medio y de Grado Superior estarán vinculados a estándares de competencia de nivel 2 y 3 del CNECP, respectivamente.

Tal como se ha comentado, tienen estructura modular y, constan de:

- Una **parte troncal obligatoria**, determinante de la entidad del ciclo y que garantice la **competencia general correspondiente**, integrada por:

  — Módulos profesionales del Catálogo Modular de Formación Profesional asociados a los estándares de competencia profesional.

  — **Módulos asociados a las habilidades y capacidades transversales**, a la orientación laboral y el emprendimiento pertinentes para el conocimiento de los sectores productivos y para la madurez profesional.

  — Al menos, un proyecto intermodular, que se desarrollará a lo largo de los cursos del ciclo.

- Una parte de **optativa** integrada por módulos profesionales que doten de mayor flexibilidad a la configuración y capacidad de adaptación de la oferta, para atender la diversidad de la realidad productiva del territorio correspondiente y los intereses y motivaciones personales en la construcción de cada itinerario formativo y profesional, permitiendo la profundización en determinados elementos del ciclo formativo.

Fíjate en los módulos que integran las siguientes titulaciones:

GRADO MEDIO TÉCNICO EN EMERGENCIAS Y PROTECCIÓN CIVIL	GRADO MEDIO TÉCNICO EN FABRICACIÓN DE PRODUCTOS CERÁMICOS
• Mantenimiento y comprobación del funcionamiento de los medios materiales empleados en la prevención de riesgos de incendios y emergencias. • Vigilancia e intervención operativa en incendios forestales. • Intervención operativa en extinción de incendios urbanos. • Intervención operativa en sucesos de origen natural, tecnológico y antrópico. • Intervención operativa en actividades de salvamento y rescate. • Inspección de establecimientos, eventos e instalaciones para la prevención de incendios y emergencias.	• Procesos de fabricación de pastas cerámicas. • Procesos de fabricación de fritas y pigmentos cerámicos. • Procesos de preparación de esmaltes cerámicos. • Procesos de fabricación de productos cerámicos. • Normativa cerámica. • Control de materiales y procesos cerámicos. • Técnicas y ensayos de desarrollo de productos. • Principios de mantenimiento electromecánico. • 0156. Inglés Profesional (Grado Medio). • 1709. Itinerario personal para la empleabilidad I.

GRADO MEDIO TÉCNICO EN EMERGENCIAS Y PROTECCIÓN CIVIL	GRADO MEDIO TÉCNICO EN FABRICACIÓN DE PRODUCTOS CERÁMICOS
• Atención sanitaria inicial en situaciones de emergencia.	• 1710. Itinerario personal para la empleabilidad II.
• Apoyo psicológico en situaciones de emergencia.	• 1664. Digitalización aplicada a los sectores productivos (Grado Medio).
• Coordinación de equipos y unidades de emergencias.	• 1708. Sostenibilidad aplicada al sistema productivo.
• 0156. Inglés Profesional (Grado Medio).	• 1713. Proyecto intermodular.
• 1709. Itinerario personal para la empleabilidad I.	• Módulo profesional optativo (competencia de cada comunidad autónoma).
• 1710. Itinerario personal para la empleabilidad II.	• Incluye una fase de formación en empresa u organismo equiparado como parte integrada del currículo del ciclo formativo.
• 1664. Digitalización aplicada a los sectores productivos (Grado Medio).	
• 1708. Sostenibilidad aplicada al sistema productivo.	
• 1713. Proyecto intermodular.	
• Módulo profesional optativo (competencia de cada Comunidad Autónoma).	
• Incluye una fase de formación en empresa u organismo equiparado como parte integrada del currículo del ciclo formativo.	

Habrás observado que hay una serie de módulos comunes a ambas titulaciones, y se trata de los módulos asociados a las habilidades y capacidades transversales.

- 0156. Inglés Profesional (Grado Medio)
- 1709. Itinerario personal para la empleabilidad I
- 1710. Itinerario personal para la empleabilidad II
- 1664. Digitalización aplicada a los sectores productivos (Grado Medio)
- 1708. Sostenibilidad aplicada al sistema productivo

Además, hay un módulo módulo profesional optativo, que es competencia de cada comunidad autónoma). La palabra optativo implica que cada comunidad autónoma tiene competencias para incluirlo, pero el alumnado debe cursarlo.

Asimismo, **la tutoría y la orientación profesional** tendrán una especial consideración, realizando un acompañamiento socioeducativo personalizado.

Busca, en la página TodoFP, cuáles son los diferentes currículos que establece la comunidad autónoma para la titulación Técnico en Emergencias y Protección Civil.

Currículos de las Comunidades Autónomas

| Andalucía | Aragón | Castilla y León | Castilla y León (Aspectos específicos) | Castilla-La Mancha | Cataluña (Castellano) | Cataluña (Catalán) | Galicia (Castellano) | Galicia (Gallego) |

| Comunidad de Madrid | Modificación Comunidad de Madrid | Extremadura | Región de Murcia | Región de Murcia Modificación | Comunidad Foral de Navarra | Modificación Comunidad Foral de Navarra | País Vasco (Castellano) | País Vasco (Euskera) |

Requisitos de acceso

CICLO FORMATIVO DE GRADO MEDIO	CICLO FORMATIVO DE GRADO SUPERIOR
Es necesario cumplir **alguno** de los siguientes requisitos: A. Tener alguno de los siguientes títulos: • Graduado/a en Educación Secundaria Obligatoria o Bachiller Superior • Técnico/a, Técnico Básico/a o Auxiliar • Titulaciones equivalentes para el acceso a los ciclos formativos de Grado Superior B. Haber superado: • Una oferta formativa de Grado C incluida en el ciclo formativo. • Un curso de formación específico preparatorio y gratuito para el acceso a ciclos de Grado Superior en centros expresamente autorizados por la Administración educativa. • Una prueba de acceso. • 2º curso del primer ciclo experimental de reforma de las enseñanzas medias. • 3º curso del plan de 1963 o 2º de comunes experimental de las enseñanzas de Artes Aplicadas y Oficios Artísticos. • 2º de BUP hasta con un máximo de dos materias pendientes. • Otros estudios o cursos de formación de los declarados equivalentes a efectos académicos con alguno de los anteriores.	Es necesario cumplir alguno de los siguientes requisitos: A. Tener alguno de los siguientes títulos: • Bachiller • Técnico Superior de Formación Profesional o grado universitario o equivalente • Técnico Especialista, Técnico Superior o equivalente a efectos académicos • Técnico de Grado Medio de Formación Profesional o el título de Técnico o Técnica de Artes Plásticas y Diseño B. Haber superado: • Una oferta formativa de Grado C incluida en el ciclo formativo. • Un curso de formación específico preparatorio y gratuito para el acceso a ciclos de Grado Superior en centros expresamente autorizados por la Administración educativa. • Una prueba de acceso. La superación de la prueba de acceso a ciclos formativos de Grado Superior, permitirá el acceso a los ciclos formativos de Grado Superior que pertenecen a las familias profesionales vinculadas a la parte específica de la prueba superada por la persona aspirante. • 2º curso de cualquier modalidad de Bachillerato Experimental. • COU o preuniversitario.

Duración

La duración de estos ciclos formativos puede ser de dos o tres cursos académicos, en función de las necesidades y los requerimientos de la formación.

Está fijada en **la normativa básica** de cada título. Por ejemplo:

GESTIÓN FORESTAL Y DEL MEDIO NATURAL
Nivel: Formación Profesional de Grado Superior.
Duración: 2000 horas.
Equivalencia en créditos ECTS: 120.
Familia profesional: Agraria.

https://www.boe.es/diario_boe/txt.php?id=BOE-A-2023-13219

1.4.3. Cursos de especialización

> Los cursos de especialización tienen por objeto complementar y profundizar en las competencias de **quienes ya disponen de un título de Formación Profesional** o cumplan las condiciones de acceso que para cada uno de los cursos se determinen.

Tendrán **carácter modular** y podrán formar parte de la educación secundaria postobligatoria o de la educación superior.

Tendrán una duración básica entre 300 y 900 horas y podrán desarrollarse con carácter dual.

Quienes superen un curso de especialización de Formación Profesional de Grado Medio obtendrán el **título de especialista** del perfil profesional correspondiente.

Quienes superen un curso de especialización de Formación Profesional de Grado Superior obtendrán el título de **Máster de Formación Profesional** del perfil profesional correspondiente.

1.4.4. Formación dual

La oferta formativa tendrá carácter dual en los grados C, D, y E, y, en algunos casos, también para los grados A y B.

Formación Profesional Dual: la Formación Profesional que se realiza armonizando los procesos de enseñanza y aprendizaje entre el centro de Formación Profesional y la empresa u organismo equiparado, en corresponsabilidad entre ambos agentes, con la finalidad de la mejora de la empleabilidad de la persona en formación.

Está regulada por el RD 1529/2012, de 8 de noviembre, por el que se desarrolla el contrato para la formación y el aprendizaje y se establecen las bases de la Formación Profesional Dual, y por la Orden ESS/2518/2013, por la que se regulan los aspectos formativos del contrato para la formación y el aprendizaje.

Asimismo, el **Real Decreto 659/2023, de 18 de julio,** por el que se desarrolla la ordenación del Sistema de Formación Profesional establece, en el Título IV, los objetivos, obligaciones y deberes, plan de formación, duración, etcétera.

Objetivos de la formación en la empresa:

- Completar la adquisición de competencias profesionales y resultados de aprendizaje propios de cada oferta formativa.

- Conocer la realidad del entorno laboral del sector productivo o de servicios de referencia, que permita la adopción de decisiones sobre futuros itinerarios formativos y profesionales, prestando especial atención a las oportunidades de empleo y emprendimiento existentes o emergentes en los entornos rurales y las zonas en declive demográfico.

- Participar en el desarrollo de una identidad profesional emprendedora y motivadora para el aprendizaje a lo largo de la vida y la adaptación a los cambios en los sectores productivos o de servicios.

- Afianzar habilidades permanentes para la empleabilidad vinculadas a la profesión que requieren situaciones reales de trabajo.

- Facilitar una experiencia de inserción y relacional en una plantilla real de personas trabajadoras respetando la normativa de prevención de riesgos laborales.

- Cada persona en formación dispondrá de un **plan de formación,** que garantizará la calidad y contenido de esta.

- El inicio de la estancia en la empresa u organismo equiparado requerirá tener los dieciséis años cumplidos y haber superado la formación en prevención de riesgos laborales.

La **duración** del periodo de formación en empresa será variable en función del régimen general o intensivo en que se realice.

RÉGIMEN GENERAL	RÉGIMEN INTENSIVO
• **Duración de la formación en la empresa entre 25 % y 35 %** del total de la formación ofertada. • **Participación de la empresa hasta un 20 %** en los resultados de aprendizaje del currículo. • **No se firma un contrato de formación** con la empresa. A partir del primer trimestre del inicio de la formación, la estancia en el centro de trabajo se distribuirá a lo largo de la duración de la actividad formativa.	• **Duración de la formación en la empresa superior al 35 %** del total de la formación ofertada. • **Participación de la empresa en un 30 %** en los resultados de aprendizaje o módulos profesionales del currículo. • **Existencia de contrato formación** con la empresa. A partir del primer trimestre del inicio de la formación se podrán combinar periodos en la empresa y en el centro de formación.

1.5. Subsistema de la Formación Profesional para el empleo: características y destinatarios. Formación de demanda y de oferta: características

> **Nota:** La Ley 3/2023 elimina esta denominación y pasa a denominarse «Sistema de Formación Profesional para el empleo en el ámbito laboral».

Está regulado por:

- La Ley 30/2015, de 9 de septiembre, por la que se regula el Sistema de Formación Profesional para el empleo en el ámbito laboral.

- El Real Decreto 694/2017, de 3 de julio, por el que se desarrolla la Ley 30/2015, de 9 de septiembre, por la que se regula el Sistema de Formación Profesional para el Empleo en el ámbito laboral.

- La Ley Orgánica 3/2022, de 31 de marzo, de ordenación e integración de la Formación Profesional deroga cuantas disposiciones de la Ley 30/2015, de 9 de septiembre, por la que se regula el Sistema de Formación Profesional para el empleo en el ámbito laboral se opongan a lo establecido en la presente ley.

> El Sistema de Formación Profesional para el empleo en el ámbito laboral tiene por finalidad impulsar y extender entre las empresas y las personas trabajadoras ocupadas y desempleadas una formación que mejore la empleabilidad y el desarrollo profesional y personal de los trabajadores, y que responda a las necesidades del sistema productivo y la competitividad empresarial contribuyendo a un modelo productivo basado en el conocimiento.

Los **fines** de la Formación Profesional para el empleo en el ámbito laboral son (Ley 30/2015, Artículo 2):

- Favorecer **la formación a lo largo de la vida** de las personas trabajadores desempleadas y ocupadas para mejorar sus **competencias profesionales** y sus itinerarios de empleo y formación, así como su desarrollo profesional y personal.

- Contribuir a la mejora de la productividad y competitividad de las empresas.

- Atender a los requerimientos del mercado de trabajo y a las necesidades de las empresas, proporcionando a los trabajadores las competencias, los conocimientos y las prácticas adecuados.

- Mejorar la **empleabilidad de las personas trabajadoras**, especialmente de los que tienen mayores dificultades de mantenimiento del empleo o de inserción laboral.

- Promover que las **competencias profesionales** adquiridas por los trabajadores, tanto a través de procesos formativos como de la experiencia laboral, sean objeto de acreditación.

- Acercar y hacer partícipes a los trabajadores de las ventajas de las tecnologías de la información y la comunicación, promoviendo la disminución de la brecha digital existente, y garantizando la accesibilidad de las mismas.

Y, entre sus **principios** (Ley 30/2015, Artículo 3), podemos destacar:

- Derecho individual a la formación y garantía de igualdad en el acceso de las personas trabajadoras y de las empresas a una formación vinculada a las necesidades del mercado de trabajo.

- Anticipación a los requerimientos y cambios del modelo productivo.

- La accesibilidad y participación de las personas con discapacidad o especialmente vulnerables en las acciones del Sistema de Formación Profesional para el empleo, mediante la adopción de las disposiciones y medidas que resulten necesarias.

Consulta en la ley la totalidad de estos principios.

1.5.1. Iniciativas de Formación Profesional para el empleo

Las iniciativas de Formación Profesional para el empleo son cada una de las modalidades que tendrán que dar respuestas a las distintas necesidades individuales y del sistema productivo.

Estas iniciativas de Formación Profesional para el empleo y las acciones formativas que las integran estarán dirigidas a la **adquisición, mejora y actualización permanente de las competencias y cualificaciones profesionales,** favoreciendo la formación a lo largo de toda la vida de la población activa y conjugando las necesidades de las personas, de las empresas, de los territorios y de los sectores productivos.

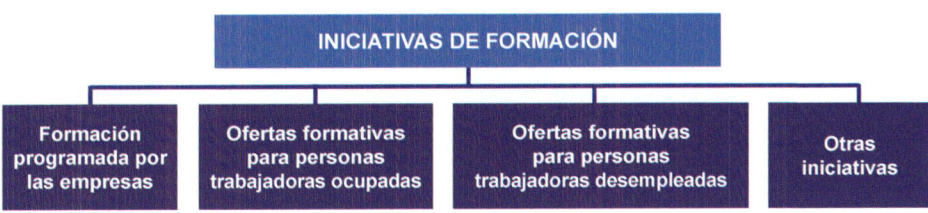

Figura 1.11. Iniciativas de Formación Profesional para el Empleo (o el ámbito laboral).

Formación programada por las empresas

Es la formación que las empresas programan e imparten a las personas que forman parte de su plantilla, en función de sus **necesidades y** de los **requerimientos** del mercado laboral.

Está dirigida a las personas:

- Asalariadas que prestan sus servicios en empresas o en entidades públicas que no están incluidas en el ámbito de aplicación de los acuerdos de formación en las Administraciones públicas.

- Fijas-discontinuas, en los periodos de no ocupación.

- Personas que accedan a situación de desempleo una vez iniciado el periodo de formación.

- Afectadas por medidas temporales de suspensión de contrato por causas económicas, técnicas, organizativas o de producción, en sus periodos de suspensión de empleo.

- Personas trabajadoras de los colectivos cuyo régimen de cotización contemple el pago de **cuota por el concepto de Formación Profesional**.

La **cuota de Formación Profesional** es la aportación económica que hacen las empresas con la finalidad de financiar la formación de su plantilla. Consiste en un 0,7 % de la masa salarial de la empresa.

Esta formación debe cumplir las siguientes características:

- Debe ajustarse a las necesidades formativas reales de las empresas y su plantilla.

- Las acciones formativas estarán relacionadas con la actividad empresarial.

- Estas acciones se desarrollarán con la **flexibilidad** necesaria en sus contenidos y en el momento de su impartición.

- Derecho de información y consulta de la representación legal de los trabajadores.

- Comunicación del inicio y finalización de las acciones formativas ante la Administración competente.

- Garantizar el desarrollo satisfactorio de las acciones formativas y realizar el seguimiento, control y evaluación.

Las empresas o grupos de empresas por sí mismas pueden organizar e impartir la formación empleando sus propios medios o contratándolos.

Pasos para el desarrollo de la formación programada en la empresa

La formación programada para el empleo se gestiona a través de la Fundación Estatal para la Formación en el Empleo (Fundae).

Figura 1.12. Logotipo de Fundae.

Una vez que se ha definido el plan de formación en la empresa en función de las necesidades del conjunto de la plantilla y de la propia empresa es necesario gestionar (administrativamente) esta formación. Esta gestión administrativa se realiza a través de una aplicación en la página de Fundae.

Paso 1. Cálculo del crédito de formación

El crédito de formación es la cuantía de la cual dispone la empresa durante el año como ayuda para la formación que impartes a tus trabajadores.

Se calcula en función de lo cotizado por formación profesional, así como la plantilla media (datos de los Recibos de Liquidación de Cotizaciones del año anterior).

La aplicación lo calculará automáticamente a partir de los datos de la Tesorería General de la Seguridad Social (TGSS).

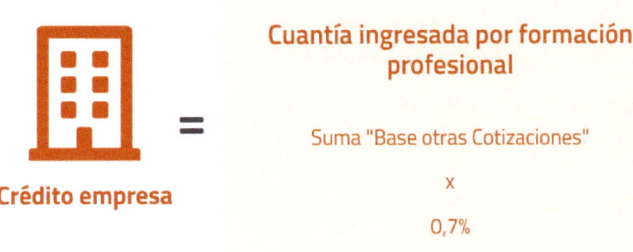

Crédito empresa =	Cuantía ingresada por formación profesional	×	% Bonificación según plantilla	
	Suma "Base otras Cotizaciones" x 0,7%		Plantilla media	Porcentaje
			1 a 9	100%
			10 a 49	75%
			50 a 249	60%
			Más de 250	50%

Figura 1.13. Cálculo del crédito de formación.

Como se puede observar en la imagen, se establece un **porcentaje de bonificación** en función de la plantilla.

Para plantillas inferiores a diez personas, la financiación de la formación es del cien por cien, incluyendo los costes directos y los costes asociados, por ejemplo, a la organización.

A medida que se incrementa la plantilla, disminuye el porcentaje de bonificación y la empresa debe cubrir una parte de los costes de la formación.

Este crédito se debe consumir en el año natural. No obstante, para empresas con menos de cincuenta personas en plantilla es posible acumular el crédito no consumido para los dos años siguientes.

Paso 2. Dar de alta a la empresa en la aplicación de Fundae

Toda la gestión de las bonificaciones se realiza a través de la aplicación de Formación Programada por las empresas. Esta gestión la puede realizar la propia empresa o una entidad organizadora. En el caso de grupos de empresas, la gestión puede realizarla una de las empresas del grupo designada para tal fin.

En el siguiente vídeo se explica cómo hacer este trámite: https://youtu.be/GxH1fqsyL_A

Paso 3. Informar a la representación legal de las personas trabajadoras

Si en la empresa existe una Representación Legal de las Personas Trabajadoras, esta debe ser informada de la formación bonificada que esté previsto realizar con quince días de antelación.

Se debe aportar la siguiente información:

- Denominación, descripción y objetivos de las acciones formativas.

- Colectivos destinatarios y número de participantes por acción formativa.

- Calendario previsto de ejecución.

- Medios pedagógicos.

- Criterios de selección de los participantes.

- Lugar previsto de impartición.

- Balance de las acciones formativas del ejercicio precedente.

La RLPT dispondrá de quince días hábiles para pronunciarse.

- Una vez transcurrido este plazo, si emite informe favorable (o no contesta) se puede iniciar la formación.

- Si existen discrepancias, se concederá un nuevo plazo de quince días para intentar resolverlas.

- Si se mantuviera el desacuerdo, se comunicará dicha situación a través de la aplicación, cumplimentándose el acta de discrepancias.

Figura 1.14. Plazos de la RTL para pronunciarse de forma favorable o no favorable.
Fuente: Fundae.

Paso 4. Comunicación de inicio de acción formativa

1. Alta de las acciones formativas. Hay que comunicar los elementos básicos del programa.

   - Modalidad (presencial, teleformación o mixta).

   - Duración.

   - Objetivos.

   - Contenidos.

2. Comunicación de **inicio del grupo formativo,** como mínimo, dos días naturales antes de su fecha de comienzo, indicando cuándo, dónde, quién lo imparte y a quién va dirigido (empresas y número de asistentes, no es necesario indicar el nombre de las personas participantes).

El centro de formación contratado por una entidad organizadora, o bien aquellas entidades organizadoras que impartan formación, deberán estar inscritas en el **Registro Estatal de Entidades de Formación.**

Figura 1.15. Registro Estatal de Entidades de Formación.

Paso 5. Impartición de la formación

Hay que tener en cuenta que:

- La formación debe ser gratuita para las personas participantes.

- La duración total del curso no puede ser inferior a dos horas ni superar las ocho horas diarias, excepto si se hace en un solo día.

- El número máximo de participantes será de treinta en modalidad presencial (veinticinco si se trata de un certificado profesional), y ochenta por tutor/-a en teleformación.

- En presencial debe cumplimentarse el modelo de control de asistencia, y en teleformación las plataformas deben registrar la actividad de las personas participantes.

- Al finalizar el curso, se solicitará la cumplimentación de un cuestionario de evaluación del curso por parte de las personas participantes.

- Se entregarán los certificados de **asistencia** (curso no superado) o **diploma** en el plazo máximo de dos meses.

Paso 6. Comunicación de finalización

La finalización de una acción formativa se comunica antes de aplicar la bonificación o, como muy tarde, antes de la presentación del boletín de cotización del mes de diciembre.

Se informará de:

- Los datos de las personas participantes que han finalizado la formación (que hayan realizado el 75 % del curso).

- Los costes del curso (directos, indirectos y de organización).

- La cuantía y el mes.

DIRECTOS	INDIRECTOS	ORGANIZACIÓN
<ul><li>Docencia.</li><li>Recursos didácticos, plataforma de formación.</li><li>Medios didácticos y/o adquisición de material didáctico.</li><li>Aulas, talleres y superficies de formación.</li><li>Seguro de accidentes de las personas participantes.</li><li>Transporte, manutención y alojamiento de participantes y docentes.</li></ul>	Máximo 10 % del coste total de la acción formativa.<ul><li>Luz, agua, calefacción, mensajería, correo, limpieza, vigilancia, etcétera.</li><li>Personal, instalaciones y equipos de apoyo.</li></ul>	En el caso de encomendar a una entidad externa la organización, este coste estará limitado a un 10 % del coste total de la acción formativa (20 % para empresas de 1 a 5 trabajadores, y 15 % para empresas de 6 a 9 trabajadores).

Hay un límite de costes, que es el siguientes:

- Para teleformación, 7,5 €/h participante.

- Para presencial, nivel básico: 9 €/h participante.

- Para presencial, nivel superior: 13 €/h participante.

- En el caso de certificados profesionales, los módulos serán de 8 € para modalidad presencial y 5 € para teleformación.

Si la empresa tiene más de cinco personas en plantilla, está obligada a cofinanciar un porcentaje del total de los costes que comunique en la aplicación a lo largo del año.

a) De 6 a 9 trabajadores: 5 %.

b) De 10 a 49 trabajadores: 10 %.

c) De 50 a 249 trabajadores: 20 %.

d) De 250 o más trabajadores: 40 %.

Se considerarán incluidos en la cofinanciación privada **los costes salariales** de las personas trabajadoras que reciben formación en la jornada laboral.

Paso 7. Bonificación

Una vez comunicada la finalización en la aplicación, y hasta la presentación del boletín del mes de diciembre del año en curso, es posible aplicar la bonificación en los recibos de liquidación de cotizaciones a la Seguridad Social.

Es imprescindible:

- Estar al corriente de pago frente a la Agencia Tributaria y Seguridad Social.

- En su caso, haber informado a la representación legal de las personas trabajadoras.

- Haber comunicado el inicio, realizado y comunicado la finalización de la formación.

Paso 8. Resultados

Toda la documentación se debe conservar durante un plazo de **cuatro años.** Es decir, la documentación acreditativa de las acciones formativas por las cuales te han practicado la bonificación, por si esta te fuera requerida.

Una vez finalizado el ejercicio, Fundae comprobará las bonificaciones practicadas para asegurar que son correctas.

Oferta formativa para personas trabajadoras ocupadas

> Esta iniciativa tiene por objeto ofrecer una formación que atienda a los requerimientos de productividad y competitividad de las empresas, a las necesidades de adaptación a los cambios en el sistema productivo y a las posibilidades de promoción profesional y desarrollo personal de los trabajadores, de forma que les capacite para el desempeño cualificado de las distintas profesiones y les permita mejorar su empleabilidad.

Atenderá a las necesidades no cubiertas por la formación programada por las empresas y se desarrollará de manera complementaria mediante dos tipos de programas:

- **Programas de formación sectoriales.** Se trata de acciones formativas dirigidas a la formación de personas trabajadoras, de interés general para un determinado sector y dirigidas a satisfacer necesidades específicas de formación del mismo.

> Las acciones específicas de estos programas también podrán estar destinadas a la recualificación de personas trabajadoras procedentes de sectores en situación de crisis.

- Programas de **formación transversales.** Acciones formativas dirigidas a formar en competencias transversales a varios sectores de la actividad económica que tengan que ser objeto de atención prioritaria para dar respuesta a las tendencias identificadas y favorecer la empleabilidad y **movilidad intersectorial** de las personas trabajadoras.

> Estos programas podrán incluir acciones formativas dirigidas a la obtención de las competencias clave para el acceso a los certificados profesionales.

Podrán participar en esta oferta formativa, además de las personas trabajadoras ocupadas, las personas en situación de desempleo en función del límite que se establezca reglamentariamente, así como personas trabajadoras autónomas y de la economía social.

Oferta formativa para personas trabajadoras desempleadas

Esta iniciativa tiene por objeto ofrecer a las personas desempleadas una formación ajustada a las necesidades formativas individuales y del sistema productivo, que les permita adquirir las competencias requeridas en el mercado de trabajo y mejorar su inserción laboral y su empleabilidad.

Para ello se tendrán en cuenta los perfiles profesionales elaborados por los servicios públicos de empleo.

El diseño, programación y difusión de esta oferta formativa corresponde a las Administraciones públicas competentes, con informe preceptivo y no vinculante de las organizaciones empresariales y sindicales más representativas conforme a los órganos de participación establecidos en cada ámbito competencial.

Esta oferta formativa, gestionada por las Administraciones competentes y dirigida a cubrir las necesidades formativas detectadas en los itinerarios personalizados de inserción y en las ofertas de empleo, se desarrollará mediante los siguientes programas:

- Programas dirigidos a cubrir las necesidades detectadas por los servicios públicos de empleo.

Se realiza a través de la gestión de los diferentes **servicios públicos de empleo de las comunidades autónomas.**

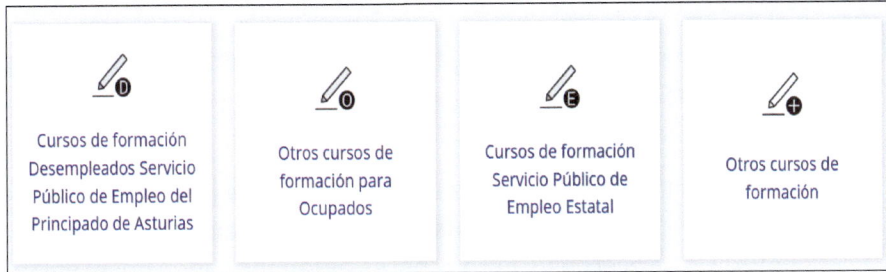

Cursos de formación Desempleados Servicio Público de Empleo del Principado de Asturias

Otros cursos de formación para Ocupados

Cursos de formación Servicio Público de Empleo Estatal

Otros cursos de formación

Figura 1.16. Oferta de cursos en la página Trabajastur.

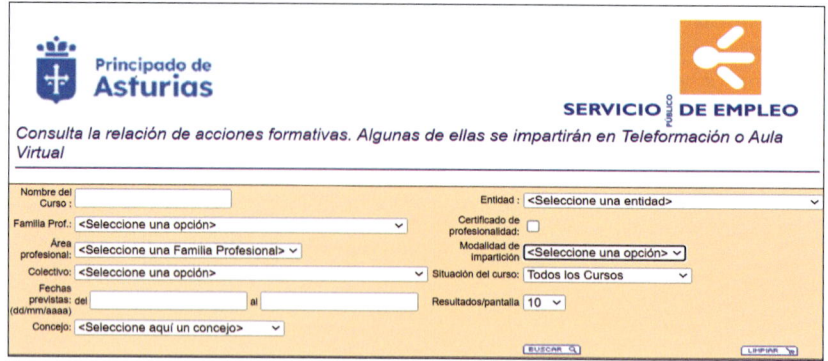

Figura 1.17. Búsqueda de cursos en la página Trabajastur.

- Programas específicos de formación dirigidos a personas desempleadas con necesidades formativas especiales o con dificultades para su inserción o recualificación profesional.

- Programas formativos con compromisos de contratación.

Otras iniciativas de formación profesional para el empleo

A. **Permisos individuales de formación**

Mediante el permiso individual de formación la empresa autoriza a una persona trabajadora a realizar una acción formativa que debe estar reconocida mediante una **titulación o acreditación oficial,** con el fin de favorecer su desarrollo profesional y personal.

— Esta formación no debe ser una formación obligatoria que tenga que proporcionar la empresa.

— La acreditación oficial también incluye títulos de Formación Profesional, los certificados profesionales y títulos universitarios propios.

— La acción formativa deberá realizarse íntegramente en modalidad presencial o contar con clases, prácticas o tutorías presenciales obligatorias.

— Este permiso también incluye el acceso a los procesos de evaluación y acreditación de la experiencia laboral y de otros aprendizajes no formales e informales.

— La financiación de los costes salariales de cada PIF está limitada a un máximo de **200 horas laborales por permiso y curso** académico o año natural, según el caso. Estos costes están formados por el salario de la persona trabajadora y las cotizaciones a la Seguridad Social durante el periodo del permiso.

B. **Formación en alternancia con el empleo**

> La formación en alternancia es aquella que tiene por objeto contribuir al impulso de una formación que responda a las necesidades del mercado laboral mediante un **proceso mixto, de empleo y formación,** que permita a la persona trabajadora compatibilizar el aprendizaje formal con la práctica profesional en el puesto de trabajo.

Incluye:

— **La formación dual a través de los contratos de formación en alternancia** (artículo 11 del Real Decreto Legislativo 2/2015, de 23 de octubre, por el que se aprueba el texto refundido de la Ley del Estatuto de los Trabajadores).

— Los **programas públicos mixtos de empleo-formación** aprobados por las Administraciones públicas, que se regirán por su normativa específica y por lo que establece el Estatuto de los Trabajadores.

— Las personas trabajadoras desempleadas que participen en los programas mixtos de empleo-formación aprobados por las Administraciones públicas podrán percibir becas y, en su caso, otras ayudas.

Mediante los programas públicos mixtos de formación y empleo, las personas participantes se forman a la par que desarrollan un trabajo productivo en actividades de utilidad pública o interés social.

ACTIVIDAD 1.3

Elabora un resumen que incluya las características y condicionantes del contrato en alternancia, tal y como se refleja en el Real Decreto Legislativo 2/2015, de 23 de octubre, por el que se aprueba el texto refundido de la Ley del Estatuto de los Trabajadores. Recuerda consultar la última versión.

1.5.2. Programas Experienciales de Empleo y Formación y Unidades de Promoción y Desarrollo

Hasta la publicación del Real Decreto 818/2021, de 28 de septiembre, por el que se regulan los programas comunes de activación para el empleo del Sistema Nacional de Empleo, los programas mixtos de empleo y formación eran:

- Las escuelas taller y Casas de Oficio (para personas menores de 25 años).

- Los talleres de empleo (para personas de 25 o más años).

Actualmente, han pasado a denominarse Programas Experienciales de Empleo y Formación. Pueden ser de tres tipos:

- Generales, sin límite de edad.

- Específicos, dirigidos a personas menores de 30 años.

- Dirigidos a personas emprendedoras.

En los dos primeros casos, su objetivo es la cualificación de las personas participantes mediante iniciativas públicas mixtas de empleo-formación que respondan a las **necesidades del mercado.** Preferentemente se trata de actividades de utilidad pública o de interés general y social que permitan compatibilizar el aprendizaje formal y la práctica profesional en el puesto de trabajo.

Las Unidades de Promoción y Desarrollo (UPD) colaboran en la preparación, acompañamiento y evaluación de los programas. Su objetivo es descubrir las potencialidades de desarrollo y empleo de su territorio, elaborando planes integrales de intervención y fomentando la inserción laboral de los participantes. Las UPD trabajan en colaboración con entidades promotoras y organismos públicos para asegurar el éxito de estos proyectos.

En los proyectos específicos para personas emprendedoras, el objetivo es el desarrollo de un proyecto empresarial, con la finalidad de favorecer el autoempleo de las personas participantes o la constitución de una cooperativa, sociedad laboral, sociedad agraria de transformación o empresa de inserción.

El servicio público de empleo competente determinará qué entidades pueden promover este tipo de iniciativas. En principio, se trata de:

- Órganos, organismos autónomos y otros entes públicos de la Administración General del Estado y de las comunidades autónomas

- Entidades locales.

- Consorcios.

- Asociaciones, fundaciones y otras entidades sin ánimo de lucro.

Los proyectos constan de una o dos etapas:

- En **la Etapa 1,** obligatoria para personas desempleadas menores de 30 años, el alumnado recibirá formación.

- Durante la **Etapa 2**, las personas participantes complementarán su formación en alternancia con el trabajo y la práctica profesional.

> En esta etapa serán contratadas por las entidades promotoras mediante un contrato para la formación en alternancia con el empleo.

- En general, los proyectos tendrán una duración entre seis y doce meses, no superior a doce meses, divididos en fases de tres o seis meses a efectos de programación y evaluación.

- En los dirigidos a personas desempleadas menores de treinta años, no será inferior a doce meses ni superior a veinticuatro meses, divididos en fases de tres o seis meses a efectos de programación y evaluación.

- En las Unidades de Promoción y Desarrollo la duración de los proyectos no será inferior a seis meses ni superior a veinticuatro meses, divididos en fases de tres o seis meses.

1.6. Programa formativo: estructura del programa

El programa formativo del curso o acción formativa es un documento donde se describirá el curso o la acción formativa (conjunto de objetivos y contenidos, con una duración propia y que es impartida mediante una modalidad determinada) que se llevará a cabo para adquirir los diferentes objetivos de aprendizaje (una cualificación profesional, por ejemplo). En el programa formativo, por lo tanto, se especificarán todos los elementos que forman parte del proceso de enseñanza-aprendizaje de la acción formativa correspondiente (docente, alumno, objetivos, contenidos, tiempos), que estará estructurada en módulos formativos. Responderá a la siguiente estructura:

- Por una parte, se describirán los **datos generales del curso** o acción formativa. Consistirá en:

  1. Familia profesional/área profesional: la familia profesional es un conjunto de cualificaciones en las que se estructura el CNECP, atendiendo a criterios de afinidad de la competencia profesional. Actualmente, se trata de 26 familias. En este apartado, se definirá a qué familia profesional está adscrito el curso o acción formativa que se va a realizar. Ejemplo: SERVICIOS SOCIOCULTURALES Y A LA COMUNIDAD.

  2. Denominación del curso: se explicitará el nombre por el que se va a conocer la acción. Si se trata de formación vinculada a certificación profesional, vendrá legislado por real decreto. Si fuera otro tipo de curso o acción formativa, se explicitará el nombre con el que se va a conocer el curso y que constará en el diploma y/o certificado de asistencia que se entregará una vez finalizada la acción. Ejemplo: FORMACIÓN TÉCNICA EN ORIENTACIÓN PROFESIONAL PARA EL EMPLEO.

  3. Código: código alfanumérico compuesto por la denominación de la familia profesional a la que se refiere la acción formativa y por el nivel de cualificación. Ejemplo: SSCX02.

  4. Curso/tipo: se especifica el tipo de acción formativa. Por ejemplo: ESPECÍFICO.

  5. Objetivo general: en este apartado, se plasma el objetivo general que se pretende alcanzar por parte del alumnado una vez finalizado el proceso.

  6. Requisitos del profesorado: se especificará el nivel académico (titulación), la experiencia profesional y el nivel pedagógico necesarios por parte del docente para impartir la formación.

  7. Requisitos de acceso del alumnado: se especificará el nivel académico o de conocimientos generales, el nivel profesional o técnico y las condiciones físicas necesarias por parte del alumnado para acceder a la acción formativa.

  8. Número de participantes: se concreta el número de participantes en la acción formativa.

  9. Relación secuencial de módulos formativos: la formación se estructurará por módulos formativos o unidades formativas, en su caso. En este apartado, se explicitará el total de MF o UF que componen la acción formativa y los contenidos de los que se componen, relacionados de manera organizada y secuencial, coincidente con su impartición. Por ejemplo:

MÓDULO 1. Marco teórico del modelo de orientación profesional.

I.   *El enfoque centrado en las soluciones*

II. *La orientación profesional centrada en los recursos*

III. *El trabajo con los objetivos del trabajador*

MÓDULO 2. La orientación profesional en formato individual: tutoría individualizada.

I.   *Construcción del sistema facilitador de inserción laboral del trabajador: la planificación de objetivos. La información profesional para el empleo. Las habilidades de búsqueda de empleo y la motivación para la búsqueda de empleo.*

10. Duración: se explicitará la duración dedicada a contenidos teóricos, contenidos prácticos, evaluaciones y la suma total. La duración total no podrá ser inferior a seis horas lectivas. No existe límite máximo, aunque su duración deberá ser adecuada al contenido y objetivos de la acción formativa.

11. Instalaciones: se especificará tanto la superficie y mobiliario del aula de clases teóricas como las instalaciones de prácticas y otras instalaciones en las que se desarrolle la acción formativa. Existe una serie de parámetros mínimos en cuanto a requisitos de las instalaciones regulado por ley.

12. Equipo y material: se listarán los medios necesarios para la ejecución de la acción formativa, concretando entre recursos materiales (equipo, herramientas y utillaje, y material de consumo) y recursos didácticos (material didáctico).

- Por otra parte, se describirán los **datos específicos del curso:**

  1. Denominación del MF o UF correspondiente: nombre por el que se va a conocer el MF o UF. Debe coincidir con el listado anterior en el punto 9 del programa formativo. Por ejemplo: MARCO TEÓRICO DEL MODELO DE ORIENTACIÓN PROFESIONAL.

  2. OBJETIVO DEL MÓDULO: objetivo general que se pretende alcanzar, por parte del alumnado, al finalizar la impartición del MF o UF correspondiente. Por ejemplo: describir el marco teórico desde el que se plantea, en orientación profesional para el empleo, el fomento de conductas autónomas y motivadas de búsqueda de empleo: presupuestos básicos del construccionismo social, teoría general de los sistemas y teoría de la comunicación humana.

3. DURACIÓN DEL MÓDULO: duración, en horas, del MF o UF que se describe.

4. CONTENIDO FORMATIVO DEL MÓDULO: se incluirán todos los contenidos, teóricos y prácticos, que se trabajarán en el MF o UF. Los contenidos teóricos deben coincidir con los anteriormente listados en el punto 9 del programa formativo. Por ejemplo:

   A) Prácticas: Ejercicios para la comprensión del marco teórico.

   B) Contenidos teóricos:

   I. *El enfoque centrado en las soluciones*

   II. *La orientación profesional centrada en los recursos*

   III. *El trabajo con los objetivos del trabajador*

Posteriormente, se comenzarán a describir los datos específicos del siguiente MF o UF siguiendo la misma estructura (denominación, objetivo, duración y contenido) que se ha seguido en el caso del primer módulo formativo de la acción, hasta describir todos los MF o UF que componen la acción formativa.

1.7. Proyectos formativos en la formación en alternancia con el empleo: estructura y características

El proyecto formativo, también conocido como plan de formación, es un documento en el que se desarrollan los aspectos relativos a la organización, gestión e impartición de la formación.

1.7.1. Características

El proyecto formativo surge de un previo análisis diagnóstico de necesidades de formación elaborado por una organización o empresa en un entorno, colectivo o ámbito profesional determinado. Mediante este análisis diagnóstico, compuesto por un análisis del entorno, de la competencia, interno de la organización, de los problemas de la organización y el denominado como plan estratégico o plan de organización, se detectarán necesidades de formación, definidas como todo aquel déficit observable y manifiesto de las competencias técnicas de un trabajador que le impida conseguir los objetivos razonables de una organización o contexto profesional. Las necesidades de formación pueden ser reactivas (responderán a necesidades formativas actuales y reales y vendrán dadas por la observación de déficit observable) o proactivas (hacen referencia a vacíos formativos que, en el caso de cubrirse, capacitarían a las personas ante la innovación de determinadas situaciones). Por otra parte, atendiendo al momento de vida laboral de las personas, se pueden identificar:

- Necesidades de formación de incorporación o introducción: la formación garantizará que la persona dispone de las competencias básicas para ocupar y desempeñar las funciones de un puesto de trabajo.

- Necesidades de formación durante la vida laboral en la organización: formación necesaria para la mejora del desempeño profesional del individuo en su puesto de trabajo, es decir, para mantener y actualizar sus competencias profesionales, con el fin de enfrentarse a nuevas situaciones u ocupar otros puestos (reciclaje) en los que desarrollarse personal y profesionalmente.

- Necesidades de formación para la jubilación: esta formación prepara al individuo para afrontar los cambios que van a surgir tras el final de su vida laboral.

- Necesidades de formación para la expatriación *(outplacement):* formación necesaria para las ocasiones en las que el trabajador o trabajadora vaya a desarrollar su trabajo en otros países, que le suministra las competencias necesarias (lingüísticas y culturales) para facilitarle el cambio.

Una vez realizado el análisis diagnóstico de necesidades formativas, se procederá a analizar las competencias profesionales que será necesario que la persona adquiera para su desempeño profesional. Para ello, se realizará un análisis de las competencias mediante el cual se detecten los conocimientos, habilidades y/o destrezas, y actitudes que el trabajador deberá adquirir o desarrollar para progresar en su competencia profesional.

Llevar a cabo el análisis competencial favorecerá la concreción de criterios de formación necesarios, es decir, mediante la selección de necesidades de competencias optando por las que puedan o deban ser objeto de demanda de formación, se elaborarán pliegos de condiciones de las acciones de formación, en los que se explicitarán las especificaciones a las que deberá responder la acción formativa.

A partir de este punto, el proyecto formativo se constituye como un conjunto ordenado y coherente de pliegos de condiciones. Veremos, a continuación, cómo se estructura dicho conjunto.

Figura 1.16. El análisis de necesidades de formación tiene diferentes objetivos.

1.7.2. Estructura

Siguiendo las pautas del Real Decreto 34/2008, de 18 de enero, por el que se regulan los certificados de profesionalidad, y de la Orden ESS/1897/2013, de 10 de octubre, por la que se desarrolla el Real Decreto 34/2008, y de los reales decretos por los que se establecen certificados de profesionalidad dictados en su aplicación, el proyecto formativo constará de los siguientes elementos:

- Datos identificativos: se explicitará la identificación de la entidad o centro de formación que presenta el proyecto, así como la identificación de la especialidad formativa correspondiente, su alcance respecto al ámbito de actuación geográfico, el número máximo de alumnos contemplados y el número de docentes previstos para la impartición de cada módulo formativo o unidad formativa. Los requisitos sobre docentes y alumnos vienen estipulados en el correspondiente real decreto de cada certificado de profesionalidad.

- Planificación didáctica: planificación didáctica de la acción formativa completa, que indicará la temporalización de la formación. La información sobre los módulos que se van a impartir y sus horas viene contemplada en los certificados de profesionalidad, y la entidad o el centro deberá decidir las fechas de impartición y el horario. Servirá de guion para el docente en el desarrollo de su labor, ayudando a la planificación del proceso y al desarrollo de la acción de formación. En proyectos de formación en alternancia con el empleo, los participantes en los programas de formación en alternancia con el empleo estarán exentos del módulo de formación práctica en el centro de trabajo. La planificación didáctica suele plasmarse en un cronograma.

- Programación didáctica: de cada módulo y/o unidad formativa y, en su caso la programación de las correspondientes tutorías presenciales, en las que se concretará la metodología de aprendizaje. Es decir, se relacionarán los contenidos de cada MF o UF que conforman la acción formativa con la metodología que se va a utilizar para su impartición, incluyendo las actividades y materiales que se van a utilizar. En los programas de formación en alternancia con el empleo, los contenidos de la formación serán los correspondientes a los módulos formativos asociados a las unidades de competencia de los certificados de profesionalidad cuando se corresponda con la ocupación relacionada con el oficio o puesto de trabajo previsto en el contrato laboral.

Tendrán dicha consideración las acciones formativas de los contratos para la formación y los programas públicos mixtos de empleo-formación.

Los objetivos específicos, los contenidos y los espacios, las instalaciones y los equipamientos están contemplados en el certificado de profesionalidad. Las estrategias metodológicas, actividades de aprendizaje y recursos didácticos tienen que describirlos el docente o el centro, relacionándolos correctamente con los objetivos y los recursos de manera coherente.

- Planificación de la evaluación: el equipo docente llevará a cabo una evaluación sistemática y continua para cada MF y/o UF, con objeto de comprobar los resultados de aprendizaje y, en consecuencia, la adquisición de las competencias profesionales.

  La evaluación se basará en una planificación previa, que conllevará tanto una evaluación durante el proceso de aprendizaje como una evaluación al final de cada módulo, tomando como referentes las capacidades y criterios de evaluación establecidos en el mismo. Esto incluye el alcance, los métodos e instrumentos de la evaluación, el sistema de calificación y el registro de los resultados y puntuaciones.

  El equipo docente, coordinado con el centro y teniendo como referencia normativa el certificado profesional como guía normativa, debe planificar la evaluación de la acción formativa de manera que sea sistemática y continua y se ajuste a la planificación previa que se reflejará en este plan formativo. Los métodos e instrumentos de evaluación están dispuestos en la Orden ESS/1897/2013, así como un modelo a seguir en el Anexo V de dicha orden.

Como documentación, se generarán modelos del informe de evaluación individualizado y el acta de evaluación, que actuarán como registro de calificaciones. En el primer caso se deberán registrar las calificaciones de cada ejercicio por participante, así como la puntuación media de todos ellos, la de la prueba final del módulo y finalmente la calificación final del módulo. En el segundo, se registrará la puntuación final del grupo para el conjunto de los módulos. Un acta de evaluación que, para tener validez, deberá en todo caso de ser firmada por los docentes de cada módulo o unidad de competencia, así como por el responsable o director del centro.

- La organización y gestión de la acción formativa: en este apartado, se precisa la selección, inscripción y seguimiento del alumnado (en el caso de formación en alternancia con el empleo, existen diversos criterios de selección de alumnos, dependiendo de la acción); recursos materiales y humanos necesarios para el desarrollo de la formación, así como la implantación de sistemas de gestión de la calidad de la formación. Mediante la Orden ESS/1897/2013 se articula este sistema de gestión y organización, proporcionando documentación.

IDEAS CLAVE

- La Ley Orgánica 3/2022, de 31 de marzo, de ordenación e integración de la Formación Profesional, tiene como objetivo principal mejorar la formación profesional en España para que sea más flexible, de calidad y adecuada a lo largo de la vida.
- Sus elementos integrantes son:
  - Catálogo Nacional de Estándares de Competencias Profesionales.
  - Catálogo Modular de Formación Profesional.
  - Catálogo Nacional de Ofertas de Formación Profesional.
  - Elementos básicos del currículo.
- Sus instrumentos de gestión son:
  - Registro Estatal de Formación Profesional.
  - Registro Estatal de Acreditaciones de Competencias Profesionales adquiridas por experiencia laboral o vías no formales e informales.
  - Registro General de Centros de Formación Profesional.
- El CNECP facilita la formación modular, que podrá estar asociada a formación de grado C, D y E.
- La oferta formativa tendrá carácter dual en los grados C, D, y E, y, en algunos casos, también para los grados A y B.
- La Formación Profesional reglada ofrece tres ciclos formativos:
  - Grado Básico.
  - Grado Medio.
  - Grado Superior.
  - También incluye una oferta de Cursos de Especialización.
- En la oferta de formación para el ámbito laboral, se incluye:
  - Formación programada por las empresas.
  - Oferta formativa para personas trabajadoras ocupadas.
  - Oferta formativa para personas trabajadoras desempleadas.
- Un programa formativo de un curso es un documento que detalla los contenidos y objetivos de la formación que se va a impartir. Este programa sirve como guía tanto para el equipo docente como para el profesorado, asegurando que todos los aspectos necesarios del curso sean cubiertos de manera estructurada y coherente.

MAPA CONCEPTUAL

ESTRUCTURA DE LA FORMACIÓN PROFESIONAL

Ley Orgánica 3/2022, de 31 de marzo, de ordenación e integración de la Formación Profesional	• Grados de formación
Catálogo Nacional de Estándares de Competencia Profesional y formación modular, niveles de cualificación	• Catálogo Nacional de Estándares de Competencia Profesional
Catálogo Modular de Formación Profesional	• Formación modular
Subsistema de Formación Profesional reglada. Programas de cualificación profesional inicial y ciclos formativos: características, destinatarios y duración	• Ciclos formativos de grado básico: características, destinatarios y duración • Ciclos formativos: características, destinatarios y duración • Cursos de especialización • Formación dual
Subsistema de la Formación Profesional para el Empleo: características y destinatarios. Formación de demanda y de oferta: características	• Iniciativas de Formación Profesional para el Empleo • Programas Experienciales de empleo y formación y Unidades de Promoción y Desarrollo
Programa formativo: estructura del programa	
Proyectos formativos en la formación en alternancia con el empleo: estructura y características	• Características • Estructura

ACTIVIDADES DE AUTOEVALUACIÓN

1.1. ¿Qué ley orgánica integra los dos subsistemas de Formación Profesional que existían en España?

a) LO 3/2002.

b) LO 2/2003.

c) RD 278/2023.

d) RD 289/2024.

1.2. Los grados de formación que la mencionada ley establece son:

a) Básico, Medio, Superior y Especialización.

b) A, B, C, D y E.

c) 1, 2 y 3.

d) Inicial, Intermedio y Alto.

1.3. Completa el siguiente texto:

Formación _____: Formación Profesional que se realiza armonizando los procesos de enseñanza y aprendizaje entre el centro de Formación Profesional y la empresa u organismo equiparado, en corresponsabilidad entre ambos agentes, con la finalidad de la mejora de la empleabilidad de la persona en formación.

a) Básica.

b) En alternancia.

c) Dual.

d) De oferta.

1.4. Completa el siguiente texto:

Competencia profesional: el conjunto de _____ y _____ que permiten el ejercicio de la actividad profesional conforme a las exigencias de la producción y el empleo. Las competencias profesionales se recogen en los _____, que servirán para el diseño de cualquier oferta de Formación Profesional.

1.5. *Selecciona las respuestas correctas.* Los ciclos formativos de grado básico constan obligatoriamente de tres ámbitos:

a) Lengua Castellana.

b) Comunicación y Ciencias Sociales.

c) Ciencias Aplicadas.

d) Ámbito profesional.

1.6. *Selecciona las respuestas correctas.* Los ciclos formativos de grado medio:

a) Tienen una duración de dos años.

b) Incluyen un proyecto intermodular.

c) Tiene una parte troncal obligatoria.

d) Pueden incluir un módulo profesional optativo, que programan las diferentes CC. AA.

1.7. ¿Cómo se financia la formación programada por las empresas?

a) Con las aportaciones de la plantilla.

b) A través de subvenciones.

c) Con las aportaciones de las empresas en función de su masa salarial.

d) A través de los presupuestos de las CC. AA.

1.8. *Selecciona las respuestas correctas.* Los permisos individuales de formación se podrán conceder para:

a) Realizar una acción formativa reconocida mediante una titulación o acreditación oficial.

b) Cursar un certificado profesional.

c) El acceso a los procesos de evaluación y acreditación de la experiencia laboral.

d) Realizar una formación obligatoria para la empresa.

1.9. ¿Cuál es la base para realizar un proyecto formativo?

a) La necesidad de una acreditación.

b) El diagnóstico de necesidades de formación.

c) Los objetivos específicos y operativos.

d) Los contenidos.

1.10. El siguiente enunciado:

«Programar acciones de formación en el ámbito laboral, definiendo los objetivos, contenidos y todos los aspectos relacionados con el alumnado y los recursos físicos y materiales».

a) Es un objetivo general, probablemente asociado a un módulo.

b) Es un contenido general, probablemente asociado a un módulo.

c) Expresa la finalidad del módulo formativo.

d) Expresa la intencionalidad del profesorado al impartir un módulo.

CASO PRÁCTICO 1.1

El portal **TodoFp,** del Ministerio de Educación y Formación Profesional de España, ofrece información completa sobre la **Formación Profesional (FP),** incluyendo la oferta formativa, centros educativos donde estudiar, y cuándo solicitar plaza.

Para conocerlo un poco mejor, se propone un trabajo grupal, en el que los diferentes grupos realizarán presentaciones o guías con información extraída del portal.

Grupo 1. Requisitos de acceso a FP (todos los grados)

Grupo 2. Título Profesional Básico en Mantenimiento de Embarcaciones Deportivas y de Recreo

- Duración

- Plan de formación.

- Currículo de las CC. AA.

- Salidas profesionales

- Relación de cualificaciones y unidades de competencia del Catálogo Nacional de Estándares de Competencia Profesional

Grupo 3. Técnico Superior en Asistencia a la Dirección

- Duración

- Plan de formación.

- Currículo de las CC. AA.

- Salidas profesionales

- Relación de cualificaciones y unidades de competencia del Catálogo Nacional de Estándares de Competencia Profesional

ARTES Y ARTESANÍAS

COMERCIO Y MARKETING

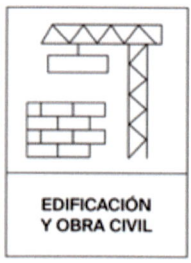
EDIFICACIÓN Y OBRA CIVIL

ELECTRICIDAD Y ELECTRÓNICA

CASO PRÁCTICO 1.2

Vamos a seguir trabajando con las siguientes leyes:

- **Ley Orgánica 3/2022, de 31 de marzo,** de ordenación e integración de la Formación Profesional (BOE 01/04/2022). En vigor desde 21/04/2022. Carácter básico.

- **Real Decreto 659/2023, de 18 de julio,** por el que se desarrolla la ordenación del Sistema de Formación Profesional (BOE 22/07/2022), en vigor desde 23/07/22.

- **Real Decreto 278/2023, de 11 de abril,** por el que se establece el calendario de implantación del Sistema de Formación Profesional.

- **Real Decreto 62/2022, de 25 de enero,** de de flexibilización de los requisitos exigibles para impartir ofertas de formación profesional conducentes a la obtención de certificados de profesionalidad, así como de la oferta de formación profesional en centros del sistema educativo y de formación profesional para el empleo.

Asegúrate siempre de que estás accediendo al texto consolidado de la ley:

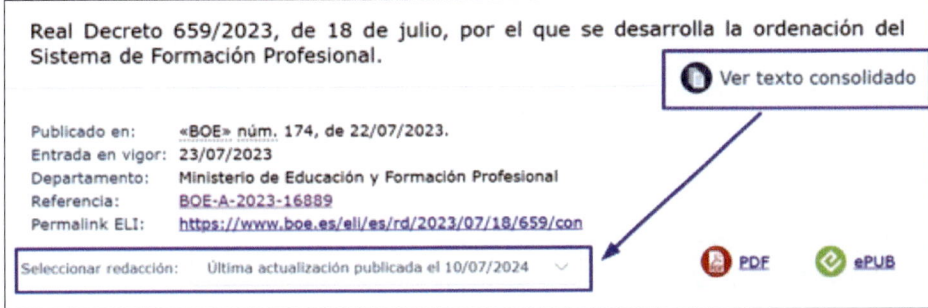

Tomándolas como base:

1. Define:

   — Formación continua

   — Formación inicial

   — Itinerario formativo

   — Diseño universal para el aprendizaje (DUA)

2. ¿Qué legislación deroga la Ley Orgánica 3/2022?

3. ¿Cuál es currículo base de los módulos profesionales? (Real Decreto 659/2023)

4. ¿Cuáles son las condiciones y requisitos básicos para el desarrollo de las modalidades presencial, semipresencial y virtual de la Formación Profesional? (Real Decreto 659/2023)

5. Elabora el calendario de implantación de los elementos integrantes del sistema de FP y de los instrumentos de gestión del sistema.

2. Certificado profesional

Contenido

Objetivos

Objetivo general

Analizar la normativa sobre la Formación Profesional para el Empleo en sus diferentes modalidades de impartición, identificando sus características y colectivos destinatarios.

Objetivos operativos

1.1. Identificar la normativa vinculada a la Formación Profesional en la modalidad presencial y en línea.

1.2. Extraer de la normativa las características de la formación que se va a programar.

1.3. Analizar las características metodológicas de la formación presencial y en línea.

1.4. Recopilar la información necesaria de los proyectos formativos para el desarrollo de la acción.

1.5. Analizar los referentes formativos y profesionales de módulos y, en su caso, unidades formativas, de certificados profesionales o programas formativos.

1.6. Extraer de programas, certificados y/o proyectos formativos, los requerimientos de la formación (perfiles, recursos, duración, contenidos, entre otros) que se va a programar.

Los certificados profesionales, anteriormente conocidos como certificados de profesionalidad, están regulados por el Real Decreto 659/2023. Este real decreto desarrolla la ordenación del Sistema de Formación Profesional.

Un certificado profesional corresponde al Grado C de la oferta del Sistema de Formación Profesional (según se regula en la Ley Orgánica 3/2022, de 31 de marzo, de ordenación e integración de la Formación Profesional).

En general, sirven de referente para la constatación de que una persona dispone de una determinada competencia profesional, independientemente de que esta haya sido adquirida gracias a la experiencia laboral o desde las diferentes vías formativas.

2.1. Características y vías de adquisición

Un certificado profesional es una titulación oficial de Formación Profesional. Acredita que una persona posee las **competencias profesionales** necesarias para desarrollar correctamente una determinada actividad laboral.

> El documento oficial de un certificado profesional recoge cuál es la **competencia general** que va a desarrollar el alumnado y las diferentes unidades de competencias, así como la **descripción del entorno profesional** en el que se espera que la persona con esta titulación desarrolle su trabajo.

Los certificados se agrupan en familias profesionales. En función de su complejidad, el certificado está asociado a un nivel (nivel 1, 2 y 3).
Un certificado:

- Tiene **validez** en todo el territorio nacional.
- Tiene **validez profesional** porque acredita las competencias en una determinada profesión.
- Tiene **validez académica** para continuar un itinerario formativo siempre que se cumplan los requisitos de acceso para cursar la titulación deseada.

2.1.1. Vías de adquisición

Hay dos formas para obtener un certificado profesional:

1. **Formación.** Cursando una acción formativa asociada a un certificado profesional en centros acreditados para impartir la formación y superando la totalidad de sus módulos profesionales, incluyendo las prácticas en empresa.

> Cada certificado establece cuáles son los requisitos de acceso para poder cursarlo.

2. **Acreditación de competencias.** Este proceso reconoce **unidades de competencia** incluidas en cualquier titulación de FP y, por tanto, en los certificados profesionales. Estas competencias se pueden haber adquirido a través de la experiencia laboral o de vías no formales de formación.

El artículo 5 de la Ley 3/2022 explicita:

2. *Es función del **Sistema de Formación Profesional el desarrollo personal y profesional de la persona,** la mejora continuada de su cualificación a lo largo de toda la vida y la garantía de la satisfacción de las necesidades formativas del sistema productivo y del empleo.*

3. *La función a que se refiere el apartado anterior se cumplirá conforme a **un modelo de Formación Profesional,** de reconocimiento y acreditación de competencias y de orientación profesional basado en **itinerarios formativos** facilitadores de la progresión en la formación [...].*

4. *El modelo a que se refiere el apartado anterior asegurará en todo caso:*

   e) *El reconocimiento y **acreditación** de competencias profesionales adquiridas por **experiencia laboral u otras vías no formales o informales.***

Para la acreditación de competencias, se toma como base el Catálogo Nacional de Estándares de Competencias Profesionales (actualmente, el Catálogo Nacional de Cualificaciones Profesionales).

El proceso de acreditación es el siguiente:

En primer lugar, es necesario presentar una solicitud de inscripción ante la Administración que convoque el proceso, aportando la documentación justificativa que se indique. Una vez que la persona ha sido admitida, el procedimiento consta de tres fases:

1. **Asesoramiento** realizado por personas expertas en el sector profesional habilitadas para esta función, con la finalidad de ayudar a la persona candidata a identificar las competencias que posee y las que tendría que adquirir.

2. **Evaluación** de las competencias profesionales que se desean acreditar.

3. **Acreditación** de las unidades de competencia demostradas. Esta acreditación es **acumulable** y permitirá, una vez que se complete un itinerario completo, obtener el certificado de profesional o el título de Formación Profesional.

Figura 2.1. Vías de adquisición de un certificado profesional. *Fuente: Todofp.*

2.2. Estructura del certificado profesional: perfil profesional/ referente ocupacional, formación del certificado/referente formativo, prescripciones de los formadores y requisitos mínimos de espacio, instalaciones y equipamiento

La estructura de los certificados profesionales, como documento oficial con validez en todo el territorio nacional, está regulada por Real Decreto 659/2023 de 18 de julio, por el que se desarrolla la ordenación del Sistema de Formación Profesional (Artículo 68).

> Todos los certificados profesionales están regulados por su real decreto y están incluidos en el Repertorio Nacional de Certificados Profesionales.

El currículum de un certificado profesional consta de los siguientes apartados:

* Identificación del certificado profesional.

* Perfil profesional.

* El entorno profesional.

- Currículo básico.

- Contexto formativo.

- Requisitos del profesorado.

- Información sobre los requisitos necesarios según la legislación vigente para el ejercicio profesional (si procede).

2.2.1. Identificación del certificado profesional

Denominación: nombre con el que se conocerá el certificado profesional.

Ejemplo: *Atención a pasajeros en transporte ferroviario.*

Familia o familias profesionales: conjunto una familia profesional consta de diferentes cualificaciones, que se agrupan atendiendo a criterios de afinidad de la competencia profesional.

El sistema de Formación Profesional se organiza en 26 familias profesionales. Nuestro ejemplo correspondería a la familia de *Hostelería y Turismo.*

Nivel: el nivel de un certificado (1, 2 o 3) se determina en función de los conocimientos, iniciativa, autonomía, responsabilidad y complejidad de las tareas. La adjudicación del nivel de la cualificación normalmente viene dado por la unidad de competencia de mayor nivel, por lo que puede suceder que existan cualificaciones que contengan unidades de competencia de nivel inferior al de la propia cualificación. Siguiendo con el ejemplo de nuestro certificado, se establecería un *Nivel 2.*

Cualificación profesional de referencia: código identificador alfanumérico de la cualificación profesional dentro del CNCP, que consta del acrónimo de la familia profesional, 3 dígitos y, separado por un guion bajo, el nivel de la cualificación.

Ejemplo: SSC448_3 *Docencia de la formación para el empleo.* (RD 1096/2011, de 22 de julio, de 2011).

Relación de unidades de competencia que configuran el certificado profesional: la unidad de competencia (UC) es la agrupación mínima de competencias profesionales de una cualificación, susceptible de reconocimiento, evaluación y acreditación parcial. En este apartado, se proporcionará un listado de las unidades de competencia que conforman el certificado profesional, mediante código alfanumérico identificador de la unidad de competencia dentro del CNCP.

UC2195_2: *Desarrollar la operativa en relación con el embarque y desembarque de pasajeros en transporte ferroviario.*

UC2005_2: *Ofertar a pasajeros servicios propios de medios de transporte.*

UC2196_2: *Prevenir y asistir a pasajeros en emergencias ferroviarias.*

UC2003_2: *Prestar primeros auxilios en medios de transporte de pasajeros.*

UC1057_2: *Comunicarse en inglés, con un nivel de usuario independiente, en las actividades turísticas.*

Competencia general: en este apartado, se describe de forma abreviada el cometido y funciones esenciales del profesional.

Desarrollar las actividades de recepción y atención al pasaje en medios ferroviarios de transporte de pasajeros, utilizando si fuera preciso la lengua inglesa, según las especificaciones de la compañía o empresa prestataria del servicio y atendiendo a los requerimientos del responsable, prestando asistencia en caso de emergencia y aplicando la normativa y legislación vigentes en materia de seguridad y prevención de riesgos laborales.

Entorno profesional: indica, con carácter orientador, el ámbito profesional, los sectores productivos y las ocupaciones o puestos de trabajo del Catálogo Nacional de Ocupaciones relacionados con el certificado de profesionalidad.

El CNO (Catálogo Nacional de Ocupaciones) es un sistema de clasificación utilizado en España para agrupar las ocupaciones laborales según el tipo de trabajo realizado y la cualificación necesaria para desempeñarlas.

Duración de la formación asociada: expresada en horas y en su totalidad (suma de duración de todos los módulos formativos, incluido el módulo de prácticas). En nuestro ejemplo, serán un total de *350 horas*.

Relación de módulos formativos: en este apartado, se proporcionará una lista de los módulos formativos (MF) referidos al Catálogo Nacional de Estándares de Competencias Profesionales asociados a las unidades de competencia (UC) que configuran el certificado profesional. El módulo formativo es el bloque coherente de formación asociado a cada una de las unidades de competencia que configuran el certificado profesional.

En nuestro ejemplo:

MF2195_2: *Operativa de embarque y desembarque de pasajeros en transporte ferroviario* (40 horas).

MF2005_2: (Transversal) Atención al pasajero en medios de transporte (60 horas).

MF2196_2: *Prevención y asistencia a pasajeros en emergencias ferroviarias* (60 horas).

MF2003_2: (Transversal) *Primeros auxilios en medios de transporte de pasajeros* (60 horas).

MF1057_2: (Transversal) *Inglés profesional para turismo* (90 horas).

MP0504: *Módulo de prácticas profesionales no laborales de Atención a pasajeros en transporte ferroviario* (40 horas).

2.2.2. Perfil profesional del certificado profesional

El **perfil profesional** de un certificado profesional define las competencias profesionales requeridas en el mercado laboral asociadas a ese certificado.

El artículo 68 de la Ley 3/2022 especifica:

2.b. *Perfil profesional:*

Relación de estándares de competencia del Catálogo Nacional de Estándares de Competencias Profesionales incluidas.

Este perfil profesional se concreta en **unidades (estándares) de competencia** que son susceptibles de evaluación. Cada estándar de competencia:

- Tiene asignado un nivel (1,2,3).
- Puede ser acreditado de forma independiente.

Las unidades de competencia, como conjunto de tareas productivas específicas y comportamientos profesionales deseables, se expresan en lo que se denomina como **realizaciones profesionales (RP)**.

> Las realizaciones profesionales (RP) son descripciones referidas a los comportamientos esperados de una persona en forma de consecuencias o resultados de las actividades que realiza.

Dichos comportamientos son objetivables por sus consecuencias o resultados, por lo que son **evaluables** a través de lo que denominamos como **criterios de realización (CR)**.

> Los **criterios de realización** son expresiones que muestran el nivel aceptable de la realización profesional, indicando la exigencia del desempeño profesional de esta, para satisfacer los objetivos de las organizaciones productivas y constituyen una guía para la evaluación de la competencia profesional.

Para ilustrar este apartado, vamos a seguir trabajando con el certificado *Atención a pasajeros en transporte ferroviario*.

En el perfil profesional se encuentran detallados de forma individual los estándares de competencia (que aquí se denominan unidades de competencia), las realizaciones profesionales y los criterios de evaluación.

Así, para el estándar de competencia 1:

- Denominación: nombre con el que se identifica. Desarrollar la operativa en relación con el embarque y desembarque de pasajeros en transporte ferroviario.

- Nivel: nivel de cualificación de la unidad de competencia. En nuestro caso, *Nivel 2*.

- Código: código de identificación alfanumérico correspondiente a la unidad de competencia. En nuestro caso, UC2195_2.

- Realizaciones profesionales y criterios de realización. Las realizaciones profesionales se formulan como conducta deseable y observable. Serán las etapas que una persona debe completar para llegar a la realización de la unidad de competencia. Una realización profesional (RP) se posee si se realiza la conducta indicada y de la manera indicada.

Las realizaciones profesionales se evalúan a través de los criterios de realización (CR) que expresan cómo y a qué nivel se tiene que concretar esa realización.

En nuestro ejemplo:

RP1: Realizar las actividades individuales requeridas por la compañía ferroviaria o por la empresa prestataria del servicio de atención al pasajero, con el fin de que se constituya la tripulación del tren cumpliendo los requisitos de legalidad, seguridad y uniformidad.

> *CR1.1.* *La documentación acreditativa necesaria para el acceso al tren se revisa para su presentación al responsable.*
>
> *CR1.2.* *Las condiciones físicas y psicológicas exigibles se cumplen de manera que permitan el ejercicio de sus funciones de acuerdo con las normas de la compañía ferroviaria y de la empresa prestataria del servicio de atención al pasajero.*
>
> *CR1.3.* *La uniformidad, acreditaciones personales y otros elementos externos y de conducta requeridos se respetan, de manera que como miembros de la tripulación sean claramente reconocibles y cumplan con el estándar establecido por la compañía ferroviaria o por la empresa prestataria del servicio de atención al pasajero.*
>
> *CR1.4.* *Las actividades relativas a su presentación para la constitución de la tripulación se realizan en el lugar y hora establecidos por la empresa prestataria del servicio.*
>
> *CR1.5.* *Las instrucciones recibidas del superior inherentes a las funciones de la tripulación y de la información referida a los elementos que puedan condicionar su actividad durante el trayecto se confirman y, en en caso contrario, se recaba dicha información.*

- Contexto profesional: en este punto se detallan, con carácter orientativo, los medios de producción, productos y resultados del trabajo, así como la información utilizada o generada y cuantos elementos de análoga naturaleza se consideren necesarios para enmarcar la realización profesional.

2.2.3. Formación del certificado profesional

La formación asociada a un certificado profesional está organizada en módulos formativos (estandarizados en el Catálogo Modular de Formación Profesional).

Los módulos formativos son bloques coherentes de formación asociado a cada una de las unidades de competencia que configuran la cualificación. Cada módulo formativo tendrá un formato normalizado que incluye los datos de identificación y las especificaciones de la formación. Así, nos encontramos con la siguiente estructura:

Módulo formativo X:

- Denominación: nombre con el que se identifica el módulo en el Catálogo Modular. Por ejemplo: *Operativa de embarque y desembarque de pasajeros en transporte ferroviario.*

- Código: código alfanumérico con el que se identifica el módulo formativo en el Catálogo Modular de la Formación Profesional. Ejemplo: MF2195_2.

- Nivel de cualificación profesional: nivel de cualificación al que se vincula el módulo. En nuestro ejemplo, *Nivel 2.*

- Asociado a la UC: se especifica la UC a la que está vinculado el módulo formativo. En nuestro ejemplo: UC2195_2 *Desarrollar la operativa en relación con el embarque y desembarque de pasajeros en transporte ferroviario.*

- Duración: duración del módulo formativo en horas, 40, en nuestro ejemplo.

- Capacidades y criterios de la evaluación: las capacidades se entienden como la expresión de los resultados esperados de las personas en situación de aprendizaje al finalizar el módulo formativo. Los criterios de la evaluación, por su parte, serán un conjunto de precisiones para cada capacidad que indican el grado de concreción aceptable de la misma, y delimitarán el alcance y nivel de la capacidad y el contexto en el que va a ser evaluada. Por ejemplo:

C1: Analizar el proceso de constitución de tripulaciones ferroviarias, justificando los requisitos legales y de seguridad exigidos a sus miembros.

    CE1.1. Justificar la importancia del proceso de constitución de la tripulación y la necesidad de presentarse ante su responsable en el lugar y la hora requeridos por la compañía prestataria de los servicios a bordo de los trenes de pasajeros.

    CE1.2. Analizar las condiciones físicas y psicológicas que deben cumplirse en el momento de incorporación a una tripulación, en relación con las funciones que le son encomendadas y con los periodos de descanso.

    CE1.3. Justificar el uso de la uniformidad, de los elementos de identificación requeridos por la empresa y una apariencia externa acorde con las normas higiénico-sanitarias.

- Contenidos: se concretarán los contenidos formativos necesarios para adquirir las competencias a las que se asocia el módulo. Por ejemplo:

  1. Análisis y características del sector del transporte ferroviario de pasajeros.

  2. Procedimientos y operaciones de embarque y desembarque de pasajeros en transporte ferroviario.

  3. Aplicación de la normativa de seguridad laboral e higiene en la atención a pasajeros en transporte ferroviario.

- Orientaciones metodológicas. En algunos casos, se incluyen determinados aspectos relacionados con el contexto formativo.

- Requisitos de acceso. Los módulos de nivel 2 y 3 tienen determinados requisitos de acceso que se establecen en el mismo real decreto que desarrolla el certificado.

2.2.4. Prescripciones de los formadores

Para impartir certificados profesionales es necesario reunir uno de los siguientes requisitos:

1. Estar en posesión de una **titulación de grado universitario** o la titulación de Formación Profesional que se determine en la normativa que regule cada certificado profesional, así como **disponer del certificado profesional de habilitación para la docencia.**

2. Pertenecer a las **especialidades docentes** habilitadas para impartir Formación Profesional en el sistema educativo (pedagogía, magisterio, etcétera).

3. Tener **experiencia profesional acreditable** de, al menos, cuatro años ajustada a los estándares de competencia o elementos de competencia asociados a los módulos profesionales que se van a impartir y disponer del **certificado profesional de habilitación para la docencia.**

(Para más información, consulta el artículo 168 del Real Decreto 659/2023).

Además, en cada certificado se detallan los requisitos particulares para impartir cada módulo.

> **Nota:** El profesorado del sistema educativo está habilitado para impartir certificados profesionales relacionados con sus áreas competenciales.

MÓDULOS FORMATIVOS	ACREDITACIÓN REQUERIDA	EXPERIENCIA PROFESIONAL REQUERIDA EN EL ÁMBITO DE LA UNIDAD DE COMPETENCIA	
		CON ACREDIATCIÓN	SIN ACREDIATCIÓN
MF2195_2: Operativa de embarque y desembarque de pasajeros de transporte ferroviario	• Licenciado, ingeniero, arquitecto o el título de grado correspondiente u otros títulos equivalentes. • Diplomado, ingeniero técnico, arquitecto técnico o el título de grado correspondiente u otros títulos equivalentes. • Técnico superior de la familia profesional de Hostelería y Turismo. • Certificados de profesionalidad de nivel 3 del área profesional de Turismo de la familia profesional Hostelería y turismo.	1 año	3 años
MF2005_2: Atención al pasajero de medios de transporte	• Licenciado, ingeniero, arquitecto o el título de grado correspondiente u otros títulos equivalentes. • Diplomado, ingeniero técnico, arquitecto técnico o el título de grado correspondiente u otros títulos equivalentes. • Técnico Superior de la familia profesional de Hostelería y turismo. • Certificados de profesionalidad de nivel 3 del área profesional de Turismo de la familia profesional Hostelería y turismo.	1 año	3 años

Nota: La disposición adicional novena del Real Decreto 659/2023 establece:

*No será exigible como requisito imprescindible sino **como mérito la experiencia profesional** a los formadores y formadoras para impartir docencia en los certificados profesionales regulados con anterioridad a la entrada en vigor del presente real decreto, cuando cuenten con la **acreditación o titulación requerida** que figura en cada uno de los reales decretos por los que se establece cada certificado profesional.*

2.2.5. Requisitos mínimos de espacios, instalaciones y equipamiento

Se especificarán los requisitos de espacios, instalaciones y equipamientos, que responderán siempre a medidas de accesibilidad y seguridad de las personas participantes.

2.2.6. Formación profesional y en línea

- Formación virtual (en línea o teleformación) es una modalidad de formación que se apoya en las tecnologías de la información y la comunicación (TIC), especialmente en los servicios y posibilidades que ofrece Internet. El proceso de enseñanza-aprendizaje se desarrolla a través de un sistema (aula virtual) que posibilita la interacción entre el alumnado, el equipo de tutorización y los recursos.

- Formación semipresencial. Combina la formación presencial y la formación en línea.

Tal como establece la Ley Orgánica 3/2022, las ofertas de Formación Profesional de Grado A, B, C, D y E podrán impartirse en cualquiera de las modalidades presencial, semipresencial, virtual o mixta (previa autorización por la autoridad competente) siempre que se cumplan los condicionantes determinados por esta ley. Así:

- La modalidad debe responder a las características, necesidades y perfiles de los destinatarios; y a las características de la oferta formativa.

- Tiene que estar garantizada, sea síncrona o asíncronamente, la **interacción didáctica adecuada**, continua y de calidad, en el entorno de un centro autorizado del Sistema de Formación Profesional, ya sea de titularidad pública o privada.

- Se debe disponer de una **plataforma de aprendizaje en línea** que garantice la formación y la interactividad.

- Un formador o formadora atenderá, como máximo, a un grupo de **35 personas.**

ACTIVIDAD 2.1

Consulta los siguientes certificados:

FMEC0119_2 Soldadura por arco bajo gas protector con electrodo consumible, soldeo «MIG/MAG»

HOTR0108. Operaciones básicas de cocina

Indica, para cada uno de ellos, cuántas horas se pueden realizar en modalidad online (o distancia).

El real decreto de desarrollo de cada certificado especificará **la modalidad de impartición** ya sea de todo el título o de sus módulos o unidades.

En su momento, la **Orden ESS/1897/2013** incluyó un listado del detalle de las horas de formación que se pueden impartir en modalidad teleformación para más de 300 certificados. Anexo I. Especificaciones de los certificados profesionales en modalidad de teleformación.

Por ejemplo, podemos ver que, en el certificado ARGN0210 (ver página 80). Asistencia a la edición, no se especifican horas de tutoría presencial (es decir, se puede impartir totalmente *online*).

Sin embargo, para el certificado ELEE0110 *Desarrollo de proyectos de instalaciones eléctricas en el entorno de edificios y con fines especiales* (ver página 80) es preciso programar tutorías presenciales.

Como curiosidad, los reales decretos de desarrollo de algunos certificados especifican cuántas horas se pueden impartir en **formación a distancia**. Pero, en este caso, se está hablando de otro tipo de modalidad de formación que no está apoyada en la TIC. Es decir, que esa información ya está obsoleta.

Formación a distancia:		
Unidades formativas	Duración total en horas de las unidades formativas	N.º de horas máximas susceptibles de formación a distancia
Unidad formativa 1 – UF1332	80	40
Unidad formativa 2 – UF1333	80	40
Unidad formativa 3 – UF1334	60	30

Centro virtual

El aula virtual es el espacio en el que se desarrolla la formación y que dispone de todas las herramientas necesarias para el acceso a los contenidos, la comunicación entre el alumnado y el profesorado, etcétera.

Esta aula virtual debe cumplir una serie de requisitos y tendrá que ser aprobada por la Administración competente.

> Las características de los contenidos también están sujetas a una serie de especificaciones. En el Anexo III de la Orden TMS/369/2019 se especifican estas características.

Evaluación

En cuanto a la evaluación, se establece que:

- Debe ser realizada por el profesorado, formadores y formadoras y personas expertas, mediante un **seguimiento del proceso** de aprendizaje y una

FAMILIA PROFESIONAL: **Artes Gráficas (ARG)**
DENOMINACIÓN DEL CERTIFICADO DE PROFESIONALIDAD: **ARGN0210 - ASISTENCIA A LA EDICIÓN**
RD 1520/2011 (31-10-2011)
NIVEL: 3
DURACIÓN TOTAL CERTIFICADO DE PROFESIONALIDAD: **570**
DURACIÓN DE LA FORMACIÓN ASOCIADA: **490**
DURACIÓN MÓDULO FORMACIÓN PRÁCTICA EN CENTROS DE TRABAJO: **080**

DENOMINACIÓN MÓDULO FORMATIVO (MF)	DURACIÓN TOTAL MF	DURACIÓN PRUEBA PRESENCIAL FINAL (*)	DENOMINACIÓN UNIDAD FORMATIVA (UF)	DURACIÓN UF	HORAS TUTORÍA PRESENCIAL	CAPACIDADES Y CRITERIOS DE EVALUACIÓN EN TUTORÍA PRESENCIAL
MF0931_3 - Gestión y planificación editorial	120	3	UF1900 - Gestión del producto editorial	70	0	
			UF1901 - Presupuesto, viabilidad y mercado del producto editorial	50	0	
MF0932_3 - Corrección de textos de estilo y orto tipografía	100	3	UF1902 - Corrección de textos	60	0	
			UF1903 - Elaboración de reseñas para productos editoriales	40	0	
MF0933_3 - Organización de contenidos editoriales	180	6	UF1904 - Definición y diseño de productos editoriales	70	0	
			UF1905 - Tratamiento de textos para contenidos editoriales	60	0	
			UF1906 - Selección y adecuación de la imagen para productos editoriales	50	0	
MF0934_3 - Contratación de derechos de autor	90	2			0	

FAMILIA PROFESIONAL: **Electricidad y Electrónica (ELE)**
DENOMINACIÓN DEL CERTIFICADO DE PROFESIONALIDAD: **ELEE0110 - DESARROLLO DE PROYECTOS DE INSTALACIONES ELÉCTRICAS EN EL ENTORNO DE EDIFICIOS Y CON FINES ESPECIALES**
RD 1523/2011 (31-10-2011)
NIVEL: 3
DURACIÓN TOTAL CERTIFICADO DE PROFESIONALIDAD: **520**
DURACIÓN DE LA FORMACIÓN ASOCIADA: **440**
DURACIÓN MÓDULO FORMACIÓN PRÁCTICA EN CENTROS DE TRABAJO: **080**

DENOMINACIÓN MÓDULO FORMATIVO (MF)	DURACIÓN TOTAL MF	DURACIÓN PRUEBA PRESENCIAL FINAL (*)	DENOMINACIÓN UNIDAD FORMATIVA (UF)	DURACIÓN UF	HORAS TUTORÍA PRESENCIAL	CAPACIDADES Y CRITERIOS DE EVALUACIÓN EN TUTORÍA PRESENCIAL
MF0829_3 - Desarrollo de proyectos de instalaciones eléctricas de baja tensión en el entorno de edificios de viviendas, industrias, oficinas y locales de pública concurrencia	220	8	UF1332 - Planificación de las instalaciones eléctricas en edificios de viviendas, industrias, oficinas y locales de pública concurrencia	80	20	C3 en lo referente a: CE3.1, CE3.2, CE3.3, CE3.4, CE3.5
			UF1333 - Selección de equipos y materiales en las instalaciones eléctricas de baja tensión en el entorno de edificios de viviendas, industrias, oficinas y locales de pública concurrencia	80	20	C3 en lo referente a: CE3.1, CE3.2, CE3.3
			UF1334 - Elaboración de la documentación de las instalaciones eléctricas de baja tensión en el entorno de edificios de viviendas, industrias, oficinas y locales de pública concurrencia	60	0	
MF0830_3 - Desarrollo de proyectos de instalaciones eléctricas de baja tensión en locales de características especiales e instalaciones con fines especiales	220	8	UF1335 - Planificación de las instalaciones eléctricas en locales con características especiales e instalaciones con fines especiales	80	20	C3 en lo referente a: CE3.1, CE3.2, CE3.3, CE3.4, CE3.5
			UF1336 - Selección de equipos y materiales en las instalaciones eléctricas de baja tensión en locales con características especiales e instalaciones con fines especiales	80	20	C3 en lo referente a: CE3.1, CE3.2, CE3.3
			UF1337 - Elaboración de la documentación de las instalaciones eléctricas de baja tensión en locales con características especiales e instalaciones con fines especiales	60	1	

prueba de **evaluación final de carácter presencial.** Las Administraciones competentes supervisarán la aplicación de estas pruebas finales.

- El seguimiento del proceso de aprendizaje incluirá el **análisis de las actividades** y los trabajos presentados en la plataforma virtual y realizados a lo largo de la acción formativa, así como la participación en las herramientas de comunicación que se establezcan.

- Los **criterios de evaluación** establecidos de forma cuantificada de cada una de las actividades que intervienen en el proceso de aprendizaje se aplicarán según lo definido en el proyecto formativo.

Cuando hablamos de **teleformación (en línea),** nos referimos a la modalidad de impartición que se realiza cuando las acciones formativas se desarrollen en su totalidad o en parte combinadas con formación presencial, de acuerdo con lo establecido en cada certificado para esta modalidad, a través de las tecnologías de la información y comunicación, posibilitando la interactividad de alumnos, tutores-formadores y recursos situados en distinto lugar. La formación estará organizada de tal forma que permita un proceso de aprendizaje sistematizado para el participante, con una metodología apropiada a la modalidad de impartición, que deberá cumplir los requisitos de accesibilidad y diseño para todos establecidos por el Servicio Público de Empleo Estatal y que necesariamente será complementada con asistencia tutorial.

Los módulos formativos que constituyen la formación de los certificados profesionales podrán ofertarse mediante teleformación siempre que se garantice que el alumnado pueda conseguir los resultados de aprendizaje.

Cuando, en formación vinculada a certificados profesionales, se opte por esta modalidad de impartición, se realizará mediante una plataforma virtual de aprendizaje (que deberá ser autorizada por el Servicio Público de Empleo Estatal) que asegure la gestión de los contenidos y el seguimiento y evaluación de los participantes.

La evaluación de módulos formativos impartidos por teleformación será realizada por los tutores-formadores mediante un seguimiento del proceso de aprendizaje (que incluirá el análisis de las actividades y trabajos presentados en la plataforma virtual y realizados a lo largo de la acción formativa así como la participación en las herramientas de comunicación que se establezcan) y una prueba de evaluación final de carácter presencial (elaborada por los centros y entidades de formación en los que se impartan las acciones formativas y autorizada por los servicios públicos de empleo competentes, que podrán supervisar la aplicación de estas pruebas finales).

2.3. Programación didáctica vinculada a los certificados profesionales

La programación didáctica se puede entender como un proceso de concreción mediante el cual se transforman las intenciones educativas más generales en propuestas didácticas concretas que permitan alcanzar los objetivos previstos.

Es decir, se trata de dotar de estructura y coherencia a la labor formativa a través de un conjunto de operaciones que el docente, de manera individual o colectiva, planifica y pone en práctica con el fin de organizar, disponer, ejecutar y regular una actividad didáctica situada en un contexto formativo determinado.

La programación didáctica de una acción formativa, esté o no vinculada a la certificación profesional, debe concretar el proceso de adquisición de conocimientos, procedimientos y competencias personales y profesionales del alumno/a participante.

La programación define las estrategias metodológicas con las que se abordará cada contenido (módulos formativos si se trata de un certificado). Intenta no dejar lugar a la improvisación.

Pero esto no quiere decir que el proceso de programación sea rígido e impermeable, sino que será un proceso reflexivo y flexible que permita introducir adaptaciones y modificaciones en función de parámetros como las características de los participantes, el contexto formativo, los recursos de los que dispone el/la docente, la temporalización, etcétera.

La programación didáctica, por lo tanto, debe ser:

- **Dinámica:** es un documento abierto, sujeto a constantes revisiones y evoluciones en función de la información recogida por el equipo docente por medio de diversos parámetros didácticos referidos a metodología, recursos, contenidos, etc.

- **Flexible:** las revisiones anteriormente contempladas podrán suponer ciertas ampliaciones o actualizaciones de la acción docente prevista, respetando contenidos específicos de formación que indique el real decreto correspondiente que regule el certificado.

- **Sistemática:** debe dar coherencia a la acción formativa.

- **Integradora:** permite la integración de elementos técnico-profesionales (cualificaciones profesionales) con determinadas competencias personales del alumno/a. Se busca responder tanto al *saber hacer* como al *saber ser* (ambas competencias técnicas) y *saber estar* (competencias sociales).

- **Prospectiva:** debe servir como posible pronóstico de la interacción didáctica que se producirá en el desarrollo de la acción formativa.

- **Funcional:** la programación didáctica vinculada a la certificación profesional se basará en la propia estructura del certificado, es decir, en el perfil profesional (referente profesional) y en la formación (referente formativo) del certificado profesional.

La programación didáctica debe centrarse en el alumnado, otorgándole el papel protagonista en el proceso de enseñanza-aprendizaje. Mediante su elaboración y presentación, el alumnado conocerá de antemano las características de dicho proceso, y tendrá acceso a la información de qué va a aprender, cómo y cuándo lo va a hacer y de qué manera va a ser evaluado.

> Programar significa dar respuesta a una serie de preguntas: a quién, para qué, qué, cuándo, cómo, con qué, cuánto.

2.3.1. Claves de la programación didáctica de un certificado profesional

El Anexo IV de la Orden ESS/1897/2013 establece los modelos de programación didáctica para sintetizar la programación didáctica de un certificado profesional.

> **Nota:** Aunque puedan estar sujetos a cambios en el futuro, trabajaremos con estos documentos.

Propone la programación por módulos y hace una diferencia en función de si los módulos formativos se dividen o no en unidades formativas.

(Cualquier modalidad de impartición de módulos con unidades formativas)

CERTIFICADO DE PROFESIONALIDAD: _____ *(Código y denominación)* _____
DURACIÓN DEL CERTIFICADO:___*(horas)*___   FECHAS DE IMPARTICIÓN: 00/00/00 - 00/00/00
CENTRO DE FORMACIÓN: _____
DIRECCIÓN: _____ LOCALIDAD:_____ PROVINCIA:_____

PROGRAMACIÓN DIDÁCTICA DEL MÓDULO *(con unidades formativas)*

IDENTIFICACIÓN DEL MÓDULO: _____ *(Código y denominación del módulo)* _____HORAS: _____
Objetivo general del módulo: _____

UNIDAD FORMATIVA	*(Código y denominación de la unidad formativa)*		Horas
Objetivos específicos Logro de los resultados de aprendizaje expresados en las capacidades y criterios de evaluación[1]	Contenidos[2]	Estrategias metodológicas, actividades de aprendizaje y recursos didácticos[3]	Espacios, instalaciones y equipamiento[4]
C1: .... *(Denominación de la capacidad)*........... CE 1.1...*(Denominación del criterio de evaluación)*....... CE 1.2.. *(Denominación del criterio de evaluación)*....... C2: .... *(Denominación de la capacidad)*.................. CE 2.1........ *(Denominación del criterio de evaluación)*.... CE 2.2........ *(Denominación del criterio de evaluación)*....			

Elaborar esta programación para cada una de las Unidades Formativas que componen el módulo.

---
[1] Incluir las capacidades y criterios de evaluación tal y como se describen en el certificado de profesionalidad.
[2] Introducir los contenidos que se contemplan en el certificado, asignándolos a las capacidades correspondientes y secuenciándolos pedagógicamente.
[3] Especificar las diferentes acciones de enseñanza-aprendizaje que han de realizar los formadores y/o los alumnos para el logro de las capacidades, indicando los métodos didácticos a utilizar y los recursos didácticos asociados. Se incluyen también en este apartado las actividades de aprendizaje a realizar por los alumnos.
[4] Indicar los que corresponden exclusivamente a esa unidad formativa, considerando lo establecido en el apartado V del Anexo de los Reales Decretos que regulan los certificados.

(Cualquier modalidad de impartición de módulos sin unidades formativas)

CERTIFICADO DE PROFESIONALIDAD: _____ *(Código y denominación)* _____
DURACIÓN DEL CERTIFICADO:___*(horas)* ___   FECHAS DE IMPARTICIÓN: 00/00/00 - 00/00/00
CENTRO DE FORMACIÓN: _____
DIRECCIÓN: _____ LOCALIDAD:_____ PROVINCIA: _____

PROGRAMACIÓN DIDÁCTICA DEL MÓDULO *(sin unidades formativas)*

IDENTIFICACIÓN DEL MÓDULO: _____ *(Código y denominación del módulo)* _____HORAS: _____
Objetivo general del módulo: _____

Objetivos específicos Logro de los resultados de aprendizaje expresados en las capacidades y criterios de evaluación[1]	Contenidos[2]	Estrategias metodológicas, actividades de aprendizaje y recursos didácticos[3]	Espacios, instalaciones y equipamiento[4]
C1: .... *(Denominación de la capacidad)*........... CE 1.1..... *(Denominación del criterio de evaluación)*....... CE 1.2.... *(Denominación del criterio de evaluación)*....... C2: .... *(Denominación de la capacidad)*........... CE 2.1........ *(Denominación del criterio de evaluación)*....... CE 2.2........ *(Denominación del criterio de evaluación)*.......			

---
[1] Incluir las capacidades y criterios de evaluación tal y como se describen en el certificado de profesionalidad.
[2] Introducir los contenidos que se contemplan en el certificado, asignándolos a las capacidades correspondientes y secuenciándolos pedagógicamente.
[3] Especificar las diferentes acciones de enseñanza-aprendizaje que han de realizar los formadores y/o los alumnos para el logro de las capacidades, indicando los métodos didácticos a utilizar y los recursos didácticos asociados. Se incluyen también en este apartado las actividades de aprendizaje a realizar por los alumnos.
[4] Indicar los que corresponden exclusivamente a esa unidad formativa, considerando lo establecido en el apartado V del Anexo de los Reales Decretos que regulan los certificados.

La única diferencia entre ambos documentos estriba en que en el primer caso se programa la unidad formativa y, en el segundo, el módulo completo, porque no está dividido en unidades formativas.

Veamos los diferentes apartados del modelo 2 a partir de un ejemplo.

Vamos a trabajar la programación didáctica del módulo **MF1442_3**: *Programación didáctica de acciones formativas para el empleo* (70 horas), correspondiente al certificado profesional **SSCE0110 *Habilitación para la docencia en grados A, B y C del Sistema de Formación Profesional***

Busca el Anexo I del Real Decreto para comenzar a trabajar (si lo prefieres, puedes trabajar sobre un certificado de tu área competencial).

Paso 1. Datos genéricos

- Certificado profesional (código y denominación): SSCE0110 Habilitación para la docencia en grados A, B y C del Sistema de Formación Profesional

- Duración (en horas): 380 h.

- Fechas de impartición.

- Datos del centro de formación.

Antes de avanzar...

¿Este certificado se puede impartir en modalidad de teleformación? Localiza esta información en el documento.

Paso 2. Identificar el módulo

- Identificación del módulo.

- Objetivo general del módulo: expresa, de forma genérica, lo que el alumnado conseguirá al finalizar el módulo; por tanto, está íntimamente relacionado con la unidad de competencia del mismo y con las realizaciones profesionales.

    Para redactarlo, se aplica la siguiente norma:

    — **Infinitivo/s:** qué; verbos de acción de las realizaciones profesionales.

    — **Objeto/s:** contenido sobre el que se ejerce la acción del verbo.

    — **Para:** finalidad; denominación de la Unidad de Competencia.

    — **+** «ajustándose a los criterios de realización establecidos en la unidad de competencia correspondiente».

Está referido a una unidad de competencia (UC), por lo que la adquisición de esta UC (realizaciones profesionales) será el logro que se pretende. Para redactarlo, nos fijaremos entonces en el referente competencial (realizaciones profesionales de la UC), e intentaremos compendiarlas en un enunciado.

CERTIFICADO PROFESIONAL: Habilitación para la docencia en grados A, B y C del Sistema de Formación Profesional	
UNIDAD DE COMPETENCIA 1: UC1442_3 Programar acciones formativas para el empleo adecuándolas a las características y condiciones de la formación, al perfil de los destinatarios y a la realidad laboral.	**MÓDULO FORMATIVO 1:** MF1442_3 Programación didáctica de acciones formativas para el empleo (60 horas).
REALIZACIONES PROFESIONALES Y CRITERIOS DE REALIZACIÓN: RP1: Analizar la normativa vinculada a la FPE que determina el tipo de acción formativa que se va a desarrollar, identificando las características y condiciones previas para considerarlas al preparar la programación. CR1.1 La normativa se identifica para aplicarla en función de la acción formativa que se va a desarrollar orientando la programación esta. CR1.2 Las condiciones previas de la acción formativa se definen al inicio del proceso para orientar la programación didáctica…	**CAPACIDADES Y CRITERIOS DE EVALUACIÓN** C1: Aplicar criterios de selección de materiales, medios y recursos didácticos en función de las acciones formativas. CE1.1 Reconocer materiales, medios y recursos didácticos diferenciándolos según sus características técnicas y metodológicas. CE1.2 Enumerar materiales, medios y recursos didácticos que sean utilizables en las acciones formativas…

Si seguimos completando la tabla:

Identificación del módulo: *MF1442_3: Programación didáctica de acciones formativas para el empleo (60 horas)* **HORAS:** 60

Objetivo general del módulo: *Elaborar programaciones didácticas y sesiones planificadas para acciones formativas para el empleo, adecuándolas a las características y condiciones de la Formación Profesional, al perfil de los destinatarios y a la realidad laboral, ajustándose a los criterios de realización establecidos en la unidad de competencia.*

Paso 3. Establecer los objetivos específicos y operativos

Para poder alcanzar estos objetivos generales en los MF o UF de una acción formativa vinculada a certificación profesional, habrá que determinar de manera exhaustiva los **objetivos específicos** en los que se concreta, así como el contexto profesional correspondiente **(objetivos operativos)**. La información para determinar estos objetivos se encuentra en la formación del certificado (referente formativo) en forma de capacidades (aprendizajes que el participante en la acción debe adquirir) en los criterios de evaluación.

> Los objetivos específicos, entonces, se referirán al logro de las capacidades del MF o UF correspondiente y tienen su reflejo en el perfil profesional (referente ocupacional) por medio de las realizaciones profesionales.

Interpretamos, además, que los criterios de evaluación que se establecen para cada capacidad son los objetivos operativos (en la nota que se incluye en el modelo se especifica que en la columna **objetivos específicos** hay que incluir las capacidades y criterios de evaluación tal y como se describen en el certificado profesional).

CERTIFICADO PROFESIONAL: Habilitación para la docencia en grados A, B y C del Sistema de Formación Profesional

MÓDULO 1: OBJETIVOS ESPECÍFICOS

Logro de las siguientes capacidades:

C1: Analizar la normativa sobre la Formación Profesional para el empleo en sus diferentes modalidades de impartición, identificando sus características y colectivos destinatarios.

C2:Establecer pautas de coordinación metodológica adaptada a la modalidad formativa de la acción que se va a impartir.

C3: Elaborar la programación didáctica de una acción formativa en función de la modalidad de impartición y de las características de los destinatarios.

C4: Elaborar la programación temporalizada del desarrollo de las unidades didácticas programadas, secuenciar contenidos y actividades.

Si seguimos la tabla relativa a la programación, debemos incluir tanto las capacidades como los criterios de evaluación en el apartado **objetivos operativos.** Para simplificar, nos centraremos en la C2.

C2: Elaborar la programación temporalizada del desarrollo de las unidades didácticas programadas, secuenciar contenidos y actividades.

CE4.1 Distribuir, esquemáticamente, los contenidos y actividades programados en función de la duración y horario de la acción formativa.

CE4.2 En un supuesto práctico de preparación de una temporalización secuenciada de la programación didáctica de la acción formativa:

- Identificar la acción formativa a la que hace referencia la programación temporalizada reseñando código, número y nombre del módulo, duración y periodo que abarca la planificación, entre otros.

- Distribuir contenidos y actividades atendiendo a la duración y horarios de la acción formativa, unidad didáctica, disponibilidad de recursos e instalaciones necesarias.

- Considerar la dificultad de la distribución temporal del contenido y de las actividades, tomando como referencia las características de la modalidad, del alumnado y del ambiente, con la finalidad de su revisión y ajuste constante.

- Elaborar una guía del alumno para la modalidad de formación en línea.

OBJETIVOS ESPECÍFICOS[1] Logro de los resultados de aprendizaje expresados en las capacidades (C) y criterios de evaluación (CE)	CONTENIDOS[3]	ESTRATEGIAS METODOLÓGICAS: MÉTODOS DIDÁCTICOS, ACTIVIDADES DE APRENDIZAJE Y RECURSOS DIDÁCTICOS[4]
C4: Elaborar la programación temporalizada del desarrollo de las unidades didácticas programadas, secuenciar contenidos y actividades: CE4.1 Distribuir, esquemáticamente, los contenidos y actividades programados en función de la duración y horario de la acción formativa. CE4.2 En un supuesto práctico de preparación de una temporalización secuenciada de la programación didáctica de la acción formativa: • Identificar la acción formativa a la que hace referencia la programación temporalizada reseñando código, número y nombre del módulo, duración, periodo que abarca la planificación, entre otros. • Distribuir contenidos y actividades atendiendo a la duración y horarios de la acción formativa, unidad didáctica, disponibilidad de recursos, instalaciones necesarias. • Considerar la dificultad de la distribución temporal del contenido y de las actividades, tomando como referencia las características de la modalidad, del alumnado y del ambiente, con la finalidad de su revisión y ajuste constante. • Elaborar una guía del alumno para la modalidad de formación en línea.	C4. Elaboración de la programación temporalizada de la acción formativa • La temporalización diaria: • Características: organización, flexibilidad y contenido. (CE4.1) • Estructura. (CE4.1) • Secuenciación de contenidos y concreción de actividades. (CE4.2) • Elaboración de la Guía para las acciones formativas, para la modalidad de impartición formación en línea (C4.2.)	

Paso 4. Contenidos

En este apartado se relacionan los objetivos (el qué) con los contenidos que se van a trabajar. Es necesario secuenciarlos pedagógicamente y asignarlos a las capacidades correspondientes. No es obligatorio que coincidan con la secuenciación que se propone en el certificado.

Continuando con nuestro ejemplo, los contenidos que se proponen en el certificado para abordar la C4 (Elaborar la programación temporalizada del desarrollo de las unidades didácticas programadas, secuenciar contenidos y actividades) son los siguientes:

> 4. Elaboración de la programación temporalizada de la acción formativa
>   - La temporalización diaria:
>   - Características: organización, flexibilidad y contenido.
>   - Estructura.
>   - Secuenciación de contenidos y concreción de actividades.
>   - Elaboración de la Guía para las acciones formativas, para la modalidad de impartición formación en línea.

En este caso, nos ceñiremos a la propuesta del certificado.

OBJETIVOS ESPECÍFICOS[1] Logro de los resultados de aprendizaje expresados en las capacidades (C) y criterios de evaluación (CE)	CONTENIDOS[3]	ESTRATEGIAS METODOLÓGICAS: MÉTODOS DIDÁCTICOS, ACTIVIDADES DE APRENDIZAJE Y RECURSOS DIDÁCTICOS[4]
C4: Elaborar la programación temporalizada del desarrollo de las unidades didácticas programadas, secuenciar contenidos y actividades: CE4.1 Distribuir, esquemáticamente, los contenidos y actividades programados en función de la duración y horario de la acción formativa. CE4.2 En un supuesto práctico de preparación de una temporalización secuenciada de la programación didáctica de la acción formativa: • Identificar la acción formativa a la que hace referencia la programación temporalizada reseñando código, número y nombre del módulo, duración, periodo que abarca la planificación, entre otros.	C4. Elaboración de la programación temporalizada de la acción formativa • La temporalización diaria: • Características: organización, flexibilidad y contenido. (CE4.1) • Estructura. (CE4.1) • Secuenciación de contenidos y concreción de actividades. (CE4.2)	Nota: Anteriormente, cada persona ha seleccionado un certificado profesional en función de su área de experiencia. PARTE 1 PROGRAMACIÓN TEMPORALIZADA DE DIARIA • **Método explicativo:** Se presentan las claves teóricas de esta unidad. • **Método interrogativo:** Se solicita al alumnado que resuma los puntos clave de una programación didáctica (ya se han visto con anterioridad).

OBJETIVOS ESPECÍFICOS[1] Logro de los resultados de aprendizaje expresados en las capacidades (C) y criterios de evaluación (CE)	CONTENIDOS[3]	ESTRATEGIAS METODOLÓGICAS: MÉTODOS DIDÁCTICOS, ACTIVIDADES DE APRENDIZAJE Y RECURSOS DIDÁCTICOS[4]
• Distribuir contenidos y actividades atendiendo a la duración y horarios de la acción formativa, unidad didáctica, disponibilidad de recursos, instalaciones necesarias. • Considerar la dificultad de la distribución temporal del contenido y de las actividades, tomando como referencia las características de la modalidad, del alumnado y del ambiente, con la finalidad de su revisión y ajuste constante. • Elaborar una guía del alumno para la modalidad de formación en línea.	• Elaboración de la Guía para las acciones formativas, para la modalidad de impartición formación en línea (C4.2.)	• **Actividad en pequeños grupos**: Se toma como partida la programación didáctica realizada en la unidad anterior en relación con la capacidad C3. A partir de un horario dado y la descripción del grupo destinatario, es preciso establecer: 　– La temporalización diaria. 　– Secuenciación del contenido y actividades que se van a realizar • **Método activo.** Cada grupo presenta su programación al resto. Se analizan los riesgos de la programación y se detectan los puntos débiles. PARTE 2. GUÍA DEL ALUMNADO PARA FORMACIÓN EN LÍNEA • **Caso práctico (investigación).** En grupos de 5 personas, el alumnado debe buscar cuál es la legislación que determina cómo debe ser la guía del alumnado para formación online. Se presentan las conclusiones. • **Caso práctico. Elaboración de la guía (individual).** Cada participante debe elaborar una guía para impartir una unidad didáctica del certificado que ha elegido al inicio.

Paso 5. Estrategias metodológicas

Llega el momento definir exactamente cómo se van a trabajar los contenidos para alcanzar los objetivos que se han planteado.

Se trata de detallar:

- Los métodos didácticos se pondrán en juego (métodos expositivos, demostrativos, activos).

- Las actividades de aprendizaje que se van a realizar (preguntas al alumnado, estudio de casos, rol playing, modelado-demostración).

- Los recursos didácticos que se emplearán (vídeo, presentación con diapositivas, legislación vigente...).

> Es este punto de la programación es donde, como docentes, ponemos en juego nuestras competencias.

Por tanto, en este apartado se explica, detenidamente, qué es lo que vamos a hacer (presentar el contenido, trabajos en grupo, investigación, etcétera).

OBJETIVOS ESPECÍFICOS[1] Logro de los resultados de aprendizaje expresados en las capacidades (C) y criterios de evaluación (CE)	CONTENIDOS[3]	ESTRATEGIAS METODOLÓGICAS: MÉTODOS DIDÁCTICOS, ACTIVIDADES DE APRENDIZAJE Y RECURSOS DIDÁCTICOS[4]
C4: Elaborar la programación temporalizada del desarrollo de las unidades didácticas programadas, secuenciar contenidos y actividades: CE4.1 Distribuir, esquemáticamente, los contenidos y actividades programados en función de la duración y horario de la acción formativa. CE4.2 En un supuesto práctico de preparación de una temporalización secuenciada de la programación didáctica de la acción formativa: • Identificar la acción formativa a la que hace referencia la programación temporalizada reseñando código, número y nombre del módulo, duración, periodo que abarca la planificación, entre otros.	C4. Elaboración de la programación temporalizada de la acción formativa • La temporalización diaria: • Características: organización, flexibilidad y contenido. (CE4.1) • Estructura. (CE4.1) • Secuenciación de contenidos y concreción de actividades. (CE4.2)	Nota: Anteriormente, cada persona ha seleccionado un certificado profesional en función de su área de experiencia. PARTE 1 PROGRAMACIÓN TEMPORALIZADA DE DIARIA • **Método explicativo:** Se presentan las claves teóricas de esta unidad. • **Método interrogativo:** Se solicita al alumnado que resuma los puntos clave de una programación didáctica (ya se han visto con anterioridad).

OBJETIVOS ESPECÍFICOS[1] Logro de los resultados de aprendizaje expresados en las capacidades (C) y criterios de evaluación (CE)	CONTENIDOS[3]	ESTRATEGIAS METODOLÓGICAS: MÉTODOS DIDÁCTICOS, ACTIVIDADES DE APRENDIZAJE Y RECURSOS DIDÁCTICOS[4]

• Distribuir contenidos y actividades atendiendo a la duración y horarios de la acción formativa, unidad didáctica, disponibilidad de recursos, instalaciones necesarias.
 	
• Considerar la dificultad de la distribución temporal del contenido y de las actividades, tomando como referencia las características de la modalidad, del alumnado y del ambiente, con la finalidad de su revisión y ajuste constante.
 	
• Elaborar una guía del alumno para la modalidad de formación en línea.
	• Elaboración de la Guía para las acciones formativas, para la modalidad de impartición formación en línea (C4.2.)	• **Actividad en pequeños grupos**: Se toma como partida la programación didáctica realizada en la unidad anterior en relación con la capacidad C3. A partir de un horario dado y la descripción del grupo destinatario, es preciso establecer:
		
		  – La temporalización diaria.
		
		  – Secuenciación del contenido y actividades que se van a realizar
		
		• **Método activo.** Cada grupo presenta su programación al resto. Se analizan los riesgos de la programación y se detectan los puntos débiles.
		
		PARTE 2. GUÍA DEL ALUMNADO PARA FORMACIÓN EN LINEA
		
		• **Caso práctico (investigación).** En grupos de 5 personas, el alumnado debe buscar cuál es la legislación que determina cómo debe ser la guía del alumnado para formación online. Se presentan las conclusiones.
		
		• **Caso práctico. Elaboración de la guía (individual).** Cada participante debe elaborar una guía para impartir una unidad didáctica del certificado que ha elegido al inicio.

Paso 6. Espacios, instalaciones y equipamiento

En este punto hay asegurarse de que los espacios corresponden exclusivamente a esa unidad formativa, considerando lo establecido en el apartado V del Anexo de los reales decretos que regulan los certificados.

En nuestro certificado, se especifica:

ESPACIO FORMATIVO	EQUIPAMIENTO
Aula técnica	<ul><li>PC instalados en red y conexión a Internet.</li><li>Software ofimático y herramientas Internet.</li><li>Software específico de la especialidad.</li><li>Equipos audiovisuales.</li><li>Cámara de video con conexiones y trípode.</li><li>Cañón de proyección.</li><li>Rotafolios.</li><li>Pizarra.</li><li>Material de aula.</li><li>Mesa y silla para el formador-a.</li><li>Mesa y silla para alumnado.</li></ul>

Tareas específicas del equipo docente en la elaboración de la programación didáctica asociada al certificado profesional

- **Objetivo general.** Definir el objetivo en función de las realizaciones profesionales de la unidad de competencia a la que está asociado.

- **Objetivos específicos.** Incluir las capacidades y criterios de evaluación tal y como se formulan en el certificado en el orden en el que aparecen o en el orden de impartición.

- **Contenidos**. Incluir los contenidos que se contemplan en el certificado y secuenciarlos en el orden en el que se van a impartir. Relacionarlos con las capacidades o con los criterios de evaluación, secuenciándolos tal y como se van a impartir (podría no coincidir con la secuencia señalada en el CP).

- **Estrategias metodológicas**. Especificar las diferentes acciones que se van a realizar para desarrollar las capacidades, indicando los recursos y la actividad del alumnado.

- **Espacios, instalaciones y equipamiento.** Trasladar los que se indiquen en el certificado.

2.3.2. Programación didáctica para las tutorías presenciales en la modalidad de teleformación

En el caso de que la formación se imparta en modalidad de teleformación y sea necesario hacer tutorías presenciales, también hay que hacer la programación de las mismas. El modelo que se utiliza es el siguiente:

MÓDULOS DEL CERTIFICADO	UNIDADES FORMATIVAS/ CAPACIDADES Y CRITERIOS DE EVALUACIÓN CONTEMPLADOS [1]	IDENTIFICACIÓN DE LAS ACTIVIDADES DE APRENDIZAJE A REALIZAR	DURACIÓN TUTORÍA (horas)[2]
(Código y denominación del módulo)	*(Código y denominación de la unidad formativa)* C n.º en lo relativo a CE n.º C n.º en lo relativo a CE n.º	• .... • .... *(Incluir una denominación sintética para cada actividad)*	
	(Código y denominación de la unidad formativa) C n.º en lo relativo a CE n.º C n.º en lo relativo a CE n.º	• .... • .... *(Incluir una denominación sintética para cada actividad)*	

Como vemos, en este caso se especifica que hay que incluir:

• Código y denominación del módulo.

• El código y denominación de la unidad formativa, asociándola a las capacidades y criterios de evaluación **concretos** que se vayan a trabajar de forma presencial. Estas capacidades y criterios son los que se especifican para cada certificado en la legislación vigente.

• Las actividades que se van a realizar. En este caso, no se solicita una explicación de las mismas, únicamente su denominación.

• La duración en horas.

ACTIVIDAD 2.2

Realiza la programación de las tutorías presenciales del certificado profesional Habilitación de la docencia en grados A, B y C del Sistema de Formación Profesional.

IDEAS CLAVE

- Un certificado profesional corresponde al Grado C de la oferta del Sistema de Formación Profesional (según se regula en la Ley Orgánica 3/2022, de 31 de marzo, de ordenación e integración de la Formación Profesional).

- Hay dos formas para obtener un certificado profesional: formación y acreditación de la experiencia.

- La estructura de los certificados profesionales como documento oficial con validez en todo el territorio nacional es la siguiente:

  — Identificación del certificado profesional.

  — Perfil profesional del certificado profesional: define las competencias profesionales requeridas en el mercado laboral asociadas a ese certificado.

  — Formación del certificado profesional.

  — Itinerario formativo, que incluye las capacidades y criterios de la evaluación y la relación de contenidos.

  — Prescripciones de los formadores.

  — Requisitos mínimos de espacios, instalaciones y equipamiento

- Tal como establece la LO 3/2022, las ofertas de Formación Profesional de Grado A, B, C, D y E podrán impartirse en cualquiera de las modalidades presencial, semipresencial, virtual o mixta (previa autorización por la autoridad competente) siempre que se cumplan los condicionantes determinados por esta ley.

- Para realizar la programación didáctica de un módulo de un certificado profesional es necesario:

  — Establecer los datos genéricos del certificado.

  — Identificar el módulo.

  — Establecer los objetivos específicos y operativos.

  — Relacionar los contenidos.

  — Diseñar estrategias metodológicas.

  — Describir los espacios, instalaciones y equipamiento.

MAPA CONCEPTUAL

ESTRUCTURA DE LA FORMACIÓN PROFESIONAL

Características y vías de adquisición

- Vías de adquisición

Estructura del certificado profesional: perfil profesional/ referente ocupacional, formación del certificado/referente formativo, prescripciones de los formadores y requisitos mínimos

- Formación presencial y en línea

Programación didáctica vinculada a certificación profesional

- Claves de la programación didáctica de un certificado profesional

ACTIVIDADES DE AUTOEVALUACIÓN

2.1. Completa el siguiente texto:

a) _____. Acredita que una persona posee las competencias profesionales necesarias para desarrollar correctamente una determinada actividad laboral.

b) El documento oficial de un certificado profesional recoge cuál es la _____ que va a desarrollar el alumnado y las diferentes unidades de competencias, así como la descripción del entorno profesional en el que se espera que la persona con esta titulación desarrolle su trabajo.

2.2. Los certificados profesionales agrupan en:

a) 27 familias profesionales.

b) 26 familias profesionales.

c) 25 familias profesionales.

d) 20 familias profesionales

2.3. Selecciona las respuestas correctas. Un certificado:

a) Tiene validez en todo el territorio nacional.

b) Tiene validez profesional porque acredita las competencias en una determinada profesión.

c) Tiene validez académica para continuar un itinerario formativo, siempre que se cumplan los requisitos de acceso para cursar la titulación deseada.

d) Se corresponde con el grado E del Sistema de Formación Profesional.

2.4. Completa el siguiente texto:

a) _____. es una modalidad de formación que se apoya en las tecnologías de la información y la comunicación, especialmente en los servicios y posibilidades que ofrece Internet. El proceso de enseñanza-aprendizaje se desarrolla a través de un sistema (aula virtual) que posibilita la interacción entre el alumnado, el equipo de tutorización y los recursos.

b) _____: combina la formación presencial y la formación en línea.

2.5. ¿Todos los certificados profesionales se pueden impartir en modalidad *online*?

a) Sí, la Orden ESS/1897/2013 así lo especifica.

b) No.

c) El real decreto de desarrollo de cada certificado especificará la modalidad de impartición ya sea de todo el título o de sus módulos o unidades.

d) Siempre que se disponga de los medios adecuados, se pueden impartir total o parcialmente *online*.

2.6. ¿Cómo se organiza la formación asociada a un certificado profesional?

2.7. El objetivo general de cada módulo formativo:

a) Debe redactarse teniendo en cuenta los criterios de realización.

b) Está determinado por el estándar formativo asociado a este.

c) Está determinado por el referente ocupacional asociado a este.

d) Está determinado por la UC asociada a este.

2.8. Completa el siguiente texto relativo a la programación didáctica:

La programación didáctica se puede entender como un _(a)_____ de concreción mediante el cual se transforman las intenciones educativas más generales en propuestas _(b)_____ concretas que permitan alcanzar los _(c)_____ previstos.

2.9. Se refieren al logro de las capacidades del MF o UF correspondiente y tienen su reflejo en el perfil profesional (referente ocupacional) por medio de las realizaciones profesionales.

a) Objetivos específicos.

b) Objetivos operativos.

c) Objetivos generales.

d) Competencias generales.

2.10. Si tienes experiencia profesional acreditable de, al menos, cuatro años ajustada a los estándares de competencia o elementos de competencia asociados a los módulos profesionales y dispones del Certificado Profesional de *Habilitación para la docencia*, ¿podrás impartir formación asociada a un certificado profesional?

a) Sí.

b) No.

c) Sí, pero no es necesaria la habilitación para la docencia.

d) No, necesito una titulación universitaria.

CASO PRÁCTICO

Te estás preparando para impartir **Docencia en Grados A, B y C** relacionada con tu área de experiencia y formación.

Por tanto, lo primero que debes es:

1. Identificar el o los certificados profesionales (Grado C) que podrás impartir al finalizar esta formación.

2. Seleccionar uno de los certificados para trabajar sobre él.

3. Identifica:

    a. Las unidades de competencia.

    b. La formación asociada.

4. ¿Cumples todos los requisitos que se exigen a las personas formadoras?

Buscador de Certificados Profesionales

3. Elaboración de la programación didáctica de una acción formativa en formación para el empleo

Contenido

Objetivos

Objetivo general

Elaborar la programación didáctica de una acción formativa en función de la modalidad de impartición y de las características de los destinatarios.

Objetivos operativos

3.1. Identificar la ubicación de la acción formativa en las iniciativas de Formación Profesional para el Empleo.

3.2. Analizar la acción formativa a programar y su vinculación con el perfil profesional.

3.3. Organizar los bloques formativos por orden de impartición, determinando un nombre operativo y su duración.

3.4. Desarrollar orientaciones generales sobre la estructura, características, metodología de trabajo y contenidos que se van a impartir según la modalidad de la acción formativa.

3.5. Definir o analizar, atendiendo al soporte de referencia (certificado profesional, programa formativo y/o proyecto formativo), el objetivo general del módulo.

3.6. Determinar el procedimiento evaluador de la acción formativa concretando momento de evaluación, instrumentos, ponderaciones, criterios, entre otros.

3.7. Establecer objetivos específicos observables, medibles y que abarquen los distintos tipos de contenidos formativos (teóricos, prácticos y profesionalizadores).

3.8. Determinar los contenidos de formación necesarios para desarrollar las competencias profesionales establecidas en el perfil.

3.9. Desarrollar orientaciones generales sobre la estructura, características, metodología de trabajo y contenidos que se van a impartir según la modalidad de la acción formativa.

3.10. Desarrollar metodologías de trabajo para la impartición de la formación presencial y en línea, concretando los métodos y recursos didácticos y ubicando las actividades planteadas.

3.11. Detallar los recursos, bibliografía y anexos necesarios para el desarrollo de la acción formativa.

3.12. Establecer cuantas observaciones sean necesarias para la revisión y actualización de la unidad programada.

A lo largo de este capítulo, estudiaremos y analizaremos una por una todas y cada una de las partes que componen la programación didáctica de una acción formativa.

3.1. La formación por competencias

Actualmente, el concepto de competencia profesional, definido como conjunto de conocimientos y capacidades que permiten el ejercicio de la actividad profesional conforme a las exigencias de la producción y el empleo, ha asumido un papel fundamental, tanto en el ámbito formativo como en el laboral.

El concepto de competencia recoge el papel protagónico que históricamente tuvieron los denominados requisitos profesionales mediante conceptos como **aptitud** (entendida como un análisis de la tarea y las capacidades que se relacionan con ella) y **cualificación** (como conjunto de atributos y potencialidades aplicables a una diversidad de ocupaciones). La evolución desde los términos de capacidad o aptitud (demanda empresarial para la realización de tareas ocupacionales), pasando por el concepto de cualificación en la década de los ochenta del siglo xx, hasta el concepto de competencia profesional (autonomía, creatividad y flexibilidad para afrontar problemas o situaciones nuevas y tomar decisiones) influye en la mejora, calidad y exigencia de los métodos formativos vinculados al empleo.

La competencia ha tenido multitud de definiciones a lo largo de los años, pudiendo destacar entre ellas:

- «La competencia es aquel conjunto de conocimientos, de destrezas y de aptitudes que se precisan para ejercer una profesión, para resolver problemas profesionales de una manera autónoma y flexible y para colaborar en el contexto y en la organización laboral», (Bunk, 1994).

- Por su parte, en su informe de 2002, Descy y Tessaring, asesores del CEDEFOP, realizan una clasificación de las principales definiciones de competencia:

  — Capacidades profesionales (*skills*): conocimientos o experiencias relevantes que permiten realizar una tarea o actividad profesional; y también el resultado de una enseñanza, formación o experiencia que, combinado con el saber práctico apropiado, es característico de los conocimientos técnicos.

  — Competencia (competente): aptitud demostrada individualmente para utilizar el saber práctico (*know-how*), la capacidad profesional, las cualificaciones o los conocimientos teóricos para afrontar situaciones y requisitos profesionales tanto habituales como cambiantes.

— Competencias generales (*generic skills*): las competencias que sustentan el aprendizaje durante toda la vida; no solo la lectoescritura o la numeración (competencias básicas), sino también competencias de comunicación, resolución de problemas, trabajo en equipo, toma de decisiones, pensamiento creativo, informática y aptitud para la formación continua.

— Competencias clave o transversales (*key/core skills*): conjunto de competencias complementarias a las competencias básicas y a las competencias generales que permiten a una persona adquirir más fácilmente nuevas competencias, adaptarse a las nuevas tecnologías y los nuevos contextos organizativos y tener movilidad en el mercado de trabajo y desarrollar su propia carrera profesional.

• Por su parte, en el Marco Europeo de las Cualificaciones, se entiende por competencia profesional la «demostrada capacidad para utilizar conocimientos, destrezas y habilidades personales, sociales y metodológicas, en situaciones de estudio, de trabajo y en el desarrollo profesional y/o personal».

> Finalmente, la Ley Orgánica 3/2022, de 31 de marzo, de ordenación e integración de la Formación Profesional define, en su artículo 2, la competencia profesional como «el conjunto de conocimientos y destrezas que permiten el ejercicio de la actividad profesional conforme a las exigencias de la producción y el empleo». Y añade, «las competencias profesionales se recogen en los estándares de competencia profesional, que servirán para el diseño de cualquier oferta de formación profesional».

ACTIVIDAD 3.1

Antes de continuar...

¿Podrías explicar cuál es la diferencia entre competencia y cualificación?

Las competencias profesionales serán la base para el reconocimiento, evaluación, acreditación y registro de las cualificaciones profesionales, entendidas estas como el conjunto de competencias profesionales con significación para el empleo que pueden ser adquiridas mediante formación y a través de la experiencia laboral.

El artículo 2 de la Ley 3/2022 explicita:

6. ***Cualificación:*** *la competencia para el desempeño de una actividad profesional acreditada oficialmente por títulos, certificados o acreditaciones.*

   *Exclusivamente en su uso en lo referido al Marco Español de las Cualificaciones (MECU), cualquier **título o certificado** emitido por una institución educativa que acredita haber adquirido un conjunto de resultados del aprendizaje, después de haber superado satisfactoriamente un programa de formación en una institución legalmente reconocida en el ámbito del Sistema de Formación Profesional.*

En resumen, en el ámbito la Formación Profesional, las competencias son el conjunto de conocimientos, habilidades y destrezas y actitudes (habilidades de desarrollo personal y social) que permiten, tras su desarrollo y adquisición mediante un proceso de enseñanza-aprendizaje, afrontar las exigencias de una profesión.

3.1.1. Dimensiones competenciales

Las competencias se agrupan, según sus propias características internas, en las denominadas dimensiones competenciales:

- **Dimensión competencial de los conocimientos:** serán aquellas competencias cuya adquisición y desarrollo nos ayuda a aprender a conocer (*saber*). Los conocimientos pueden ser teóricos o fácticos y resultarán de la asimilación de la información gracias al aprendizaje. Suponen, por lo tanto, un trabajo de memoria y comprensión de la información.

  > Son los hechos, principios, teorías y prácticas relacionados con un campo de trabajo concreto y que nos proporcionarán las bases para sustentar las distintas destrezas y habilidades implicadas en la competencia profesional.

- **Dimensión competencial de las destrezas:** serán las competencias cuya adquisición y desarrollo nos ayude a aprender a hacer (*saber hacer*). Será, por tanto, capacidad para aplicar conocimientos y utilizar adecuadamente las técnicas, procedimientos y métodos que se requieren en el contexto profesional. Las destrezas pueden ser **cognitivas** (uso del pensamiento lógico, intuitivo y creativo que permite aplicar los conocimientos adquiridos a situaciones del contexto profesional; incluye también el análisis, síntesis y evaluación de la información utilizada o generada en dicho contexto) y/o **prácticas** (fundadas en las destrezas motrices requeridas en el uso de materiales, herramientas, instrumentos, etc., propios del contexto profesional).

> El uso combinado de las destrezas posibilita la transferencia de aprendizaje y la utilización de las habilidades metodológicas necesarias para la resolución de problemas y situaciones nuevas.

En el ámbito de la Formación Profesional para el Empleo, este tipo de competencias se relaciona con la autonomía y responsabilidad que requiere la cualificación profesional.

* **Dimensión competencial de las habilidades personales y sociales vinculadas a la profesionalidad:** agrupará aquellas competencias que nos ayudan a aprender a ser y vivir dentro del contexto profesional *(saber ser y saber estar)*. Será la capacidad para utilizar pautas de conducta personales y sociales que, en interacción con los conocimientos y las destrezas, permiten actuar con eficacia y profesionalidad. Tienen un componente cognitivo (valores, actitudes, formas de percibir y evaluar las situaciones, etc.) y se demuestran en la relación con el entorno.

> Algunos ejemplos pueden ser la capacidad de planificación del trabajo, la capacidad de cooperar, la capacidad de trabajar en equipo o la capacidad para cumplir normas dentro del ámbito profesional.

Estas tres dimensiones o agrupaciones de competencias profesionales se trabajan en conjunto para responder a la autonomía y responsabilidad que requiere la cualificación profesional. El saber (conocimiento), el saber hacer (destrezas y habilidades) y el saber ser (actitud) combinados conducen al dominio de las competencias profesionales.

Las dimensiones competenciales, en el ámbito formativo, guardarán una estrecha relación con los criterios de evaluación y los resultados de aprendizaje. Como sabemos, la Formación Profesional suele estructurarse de manera modular, en MF o UF. Los MF y/o UF se concretan en las **capacidades** (los aprendizajes que hay que adquirir y que hay que comprobar como logro de unos

criterios de evaluación), referidas al contexto profesional al que responde el módulo. Los criterios de evaluación establecerán conductas que hay que comprobar para determinar el logro de la capacidad correspondiente. Una capacidad puede responder, a través de sus criterios de evaluación, a todas las dimensiones competenciales o solamente a alguna.

Por lo tanto, las capacidades abarcan las distintas dimensiones de la competencia y se pondrán de manifiesto con la aplicación de los criterios de evaluación.

> Los criterios de evaluación, al definir las conductas que se han de demostrar, son los resultados de aprendizaje concretos que se pretenden alcanzar mediante el proceso de enseñanza aprendizaje y que serán comprobados en la evaluación correspondiente.

El análisis de a qué dimensión de la competencia hacen referencia estos criterios es fundamental a la hora de seleccionar las estrategias metodológicas, diseñar las actividades de aprendizaje y recursos, y plantearse la evaluación del aprendizaje.

Ejemplo:

Capacidades y criterios de evaluación

C1: Analizar la normativa sobre la Formación Profesional para el Empleo en sus diferentes modalidades de impartición, identificando sus características y colectivos destinatarios.

CE1.1 Identificar la normativa vinculada a la Formación Profesional para el Empleo en la modalidad presencial y en línea.

CE1.2 Extraer de la normativa las características de la formación que se va a programar.

CE1.3 Analizar las características metodológicas de la formación presencial y en línea.

CE1.4 Recopilar la información necesaria de los proyectos formativos para el desarrollo de la acción.

CE1.5 Analizar los referentes formativos y profesionales de módulos y, en su caso, unidades formativas, de certificados de profesionalidad o programas formativos.

CE1.6 Extraer de programas, certificados y/o proyectos formativos, los requerimientos de la formación (perfiles, recursos, duración, contenidos, entre otros) a programar.

ACTIVIDAD 3.2

Busca el certificado profesional de tu área de competencia y, para una de las unidades, identifica las capacidades y criterios de evaluación que se establecen.

3.2. Características generales de la programación de acciones formativas

La programación didáctica se puede entender como un proceso de concreción mediante el cual se transforman las intenciones educativas más generales en propuestas didácticas concretas que permitan alcanzar los objetivos previstos. Es decir, es un proceso que proporciona estructura y coherencia a la labor formativa, a través de un conjunto de operaciones que el docente, de manera individual o colectiva, planifica y pone en práctica con el fin de organizar, disponer, ejecutar y regular una actividad didáctica situada en un contexto formativo determinado.

Programar consistirá en dar sentido y unidad a los parámetros que intervienen en el proceso formativo, así como evitará pérdidas de tiempo, sistematizando y organizando el proceso formativo. Por otra parte, nos permitirá adaptar la acción formativa a las características socioculturales del entorno y de la propia profesión a la que se refiera la cualificación.

La programación didáctica de una acción formativa, esté o no vinculada a la certificación profesional, debe concretar el proceso de adquisición de conocimientos, procedimientos y competencias personales y profesionales del alumno/a participante.

La programación se realizará previamente a la ejecución de la acción formativa. Esta planificación previa evitará que el proyecto programado sea fruto de la improvisación. Pero esto no quiere decir que el proceso de programación sea rígido e impermeable, sino que será un proceso reflexivo y flexible que permita introducir adaptaciones y modificaciones en función de parámetros como las características del grupo destinatario, el contexto formativo, los recursos de los que dispone el/la docente, la temporalización, etcétera.

Tal como se comentaba al introducir la programación didáctica de un certificado profesional, esta debe ser:

- Dinámica, sujeta a revisiones, evoluciones y mejoras.

- Flexible en cuanto a la adaptación del equipo docente a las revisiones, actualizaciones, etcétera.

- Sistemática, que dote de coherencia al conjunto de la acción formativa.

- Integradora de los diferentes ámbitos competenciales.

- Prospectiva.

- Funcional, basada en los currículos oficiales de la formación que se está programando.

- Original y creativa, en el sentido de que se tratará de un diseño propio elaborado por el/la docente, por lo que se creará según su perspectiva y en consonancia con las características del grupo y las necesidades que se pretendan cubrir mediante la acción formativa.

> Recuerda que la programación didáctica debe centrarse en el alumnado, que es el protagonista del proceso de enseñanza-aprendizaje.

En una situación ideal, el alumnado conocerá de antemano las características de dicho proceso y tendrá acceso a la información de qué va a conseguir, cómo y cuándo lo va a hacer y de qué manera va a ser evaluado.

Podemos por tanto resumir que la programación didáctica de una acción formativa es necesaria porque:

- Planifica la acción formativa, dándole estructura y coherencia.

- Delimita los objetivos que se quieren alcanzar mediante la acción formativa.

- Contempla todas las competencias profesionales que se desean adquirir (conocimientos, destrezas y actitudes).

- Aporta información acerca de la acción docente a todos los agentes (equipo docente, alumnado y organizaciones) participantes en el proceso de enseñanza-aprendizaje.

- Contempla la adaptación de la acción formativa a las necesidades e intereses del alumnado.

- Aprovecha los recursos disponibles.

- Distribuye y articula el proceso de enseñanza-aprendizaje en un tiempo concreto y delimitado, evitando acciones formativas incompletas.

Recuerda que programar consiste en dar respuesta a una serie de preguntas.

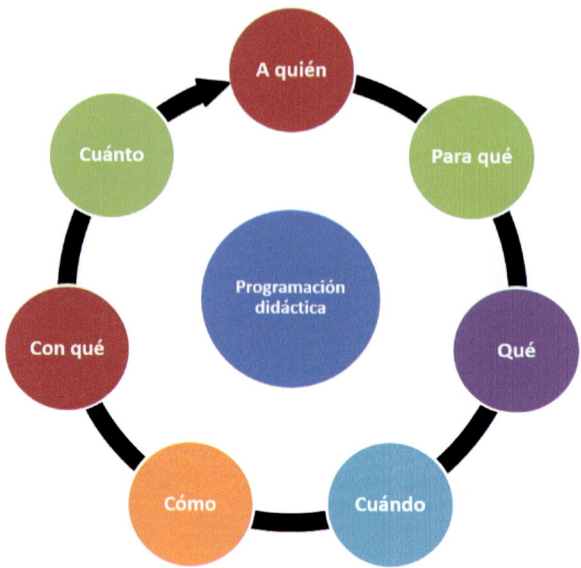

Figura 3.1. Programación didáctica. Preguntas.

3.3. Los objetivos: definición, funciones, clasificación, formulación y normas de redacción

El establecimiento y definición de objetivos de formación es un gran paso en la elaboración de la programación de acciones formativas.

Definición:

Los objetivos didácticos o de formación son proposiciones que hacen referencia a los logros el **alumnado** va a conseguir con la ejecución de una acción planificada. Constituyen el punto central de referencia y dan coherencia al plan de acción. Son enunciados que responden a la pregunta.

Antes de continuar es necesario tener claro que los objetivos hacen referencia a lo que conseguirá el alumnado y nunca a la finalidad de la acción formativa ni a las intenciones del equipo docente.

Un objetivo de formación, por lo tanto, es una descripción lo más precisa posible de la situación que existirá al final del curso o acción formativa, siempre que esta se corresponda con una necesidad y se haya llevado a buen término. Representarán las metas que se pretenden alcanzar y, a su vez, proporcionarán criterios para la selección y secuenciación de los contenidos de formación, recursos y materiales formativos, metodología y para la evaluación del aprendizaje.

Con la definición de objetivos respondemos a las siguientes preguntas: ¿Qué cambios se deben lograr frente a la situación sobre la que vamos a actuar? ¿Hacia dónde nos dirigimos y qué propósitos se van a alcanzar dentro de un límite de tiempo?

Para definir y establecer los objetivos de una acción formativa se deben tener en cuenta aspectos como las características del grupo y las necesidades detectadas previamente.

Funciones:

Entre las principales funciones que tienen los objetivos de formación, podemos destacar:

- Son instrumentos facilitadores de la labor docente en diversos modos, ya que le servirán tanto como referencia en su trabajo como de criterio de evaluación.

- Informan al alumnado acerca de lo que se pretende que adquiera mediante el proceso de formación (conocimientos, destrezas y actitudes).

- Dotan de intencionalidad y coherencia al proceso formativo.

- Son la base de la programación didáctica y proporcionan una guía para la selección de los contenidos de formación que se utilizarán para conseguirlos, la metodología adecuada para impartirlos, la temporalización y los recursos didácticos necesarios para llevarlos a cabo, la selección del equipo docente y del alumnado y, finalmente, servirán como referencia para la evaluación.

Clasificación de los objetivos:

Los objetivos se pueden clasificar desde diferentes puntos de vista.

a) Según el nivel de concreción:

— Objetivos generales: serán las proposiciones más amplias: ofrecerán una visión inicial de lo que se pretende alcanzar mediante la ejecución de la acción formativa correspondiente, siendo un punto referencial y orientativo para el equipo docente. Guardan relación con **logros a largo plazo** y hacen referencia a la acción formativa en su conjunto.

— Objetivos específicos: son una derivación de los objetivos generales. Representarán una situación concreta de aprendizaje que se alcanzará, a corto plazo, durante el proceso formativo (etapas formativas). Se centran en las metas, entendidas como una traducción y precisión de los objetivos referida a un espacio tiempo concreto (¿cuándo se quieren alcanzar de los objetivos propuestos?), identificando de manera más clara y precisa lo que se pretende lograr mediante la acción formativa correspondiente.

— Objetivos operativos: son concreciones derivadas de los objetivos específicos. Serán expresiones de conductas de aprendizaje medibles mediante indicadores, cuantificables y verificables. Nos proporcionarán una medida evaluativa acerca del cumplimiento de los objetivos específicos de la acción formativa, y, por tanto, también de los generales.

ACTIVIDAD 3.3

¿Recuerdas cuál era la correspondencia entre objetivos generales, específicos y operativos en un certificado profesional?

---

b) Según las dimensiones competenciales: en los años cincuenta, el psicólogo y pedagogo Benjamin Bloom propuso una taxonomía (es decir, clasificación) de los objetivos en tres grandes áreas y, a su vez, categorizó las actividades del alumnado en función de la complejidad de los procesos cognitivos implicados:

— Objetivos de dominio cognoscitivo (dimensión competencial de conocimientos): serán conductas y situaciones de aprendizaje en las que predominen los procesos mentales o intelectuales del alumnado. Son los objetivos que impliquen la adquisición de conceptos, datos, normas, teorías, etc. Estarán relacionados con el *saber*.

Se establecen diferentes niveles acumulativos:

- Conocimiento: conductas basadas en el recuerdo, por tanto, en la memoria. Se trata de reconocer y recordar conceptos.

- Comprensión: la asimilación e interpretación de lo aprendido permite que el alumnado comprenda el contenido.

- Aplicación: los conocimientos se trasladan a nuevas situaciones.

- Análisis: el todo se descompone en partes con el fin de organizarlas y relacionarlas.

- Evaluación: se alcanza el nivel de pensamiento crítico.

- Creación: se forman nuevos conjuntos a partir de fragmentos.

— Objetivos de dominio psicomotor (dimensión competencial de destrezas y habilidades): estos objetivos harán referencia a aprendizajes relacionados con habilidades y/o destrezas. Las destrezas pueden ser cognitivas (uso del pensamiento lógico, intuitivo y creativo que permiten aplicar los conocimientos adquiridos a situaciones propias del contexto profesional al que se refiere la acción formativa) y/o prácticas (fundamentadas en las habilidades motrices que se requieren para las herramientas, materiales, maquinaria, instrumentos o equipamientos propios del contexto profesional al que se refiere la acción formativa). Estos objetivos estarán relacionados con el *saber hacer*. Incluye las conductas que ponen en marcha actividades neuromusculares o físicas.

Los niveles que se proponen son los siguientes:

- Imitación.

- Manipulación.

- Precisión.

- Articulación.

- Naturalización.

— Objetivos de dominio afectivo (dimensión competencial de habilidades personales y sociales): serán objetivos relacionados con conductas y situaciones de aprendizaje que ponen en primer plano actitudes y emociones. Reflejarán y evaluarán la capacidad del alumnado para el uso y adquisición de pautas personales y sociales necesarias en el contexto profesional al que se refiere la acción formativa correspondiente. Son objetivos directamente relacionados con el *saber ser y saber estar*. Incluye las conductas que ponen en primer plano actividades y emociones.

Los elementos comunes son:

- Recepción: disposición a recibir, atender, etcétera.

- Respuesta: atención activa que responder.

- Valoración: actitud motivada hacia algo.

- Organización: conceptualización de valores.

- Caracterización: por un valor o conjunto de valores.

Ámbito cognitivo	Ámbito afectivo	Ámbito psicomotor
• Conocimiento	• Recepción	• Imitación
• Comprensión	• Respuesta	• Manipulación
• Aplicación	• Valoración	• Precisión
• Análisis	• Organización	• Articulación
• Síntesis	• Caracterización	• Naturalización
• Evaluación		

Figura 3.2. Clasificación de los objetivos en función de los ámbitos competenciales.

Formulación:

Los objetivos se formularán teniendo en cuenta una serie de principios básicos, a fin de que tengan utilidad en el proceso formativo. Un objetivo bien formulado debe ser:

- Explícito: todo objetivo que se formule en una programación didáctica, independientemente de su nivel de concreción, debe reflejarse por escrito. Esto permitirá que pueda ser analizado y comunicado.

- Preciso: debido a los niveles de concreción de los que se compone un objetivo, el grado de precisión con que se formule será determinante para su análisis.

- Definido en el tiempo: dependiendo del nivel de concreción del objetivo se definirá un horizonte temporal. Puede ser al finalizar el MF o UF, tratándose de un objetivo general, o al finalizar una sesión formativa si se trata de uno específico, e incluso, al finalizar una acción o actividad si se trata de un objetivo operativo. Pero también se definirán objetivos que alcanzar tanto al principio de la acción como durante el proceso de enseñanza-aprendizaje.

- Alcanzable: los objetivos necesitan ser tan realistas como la propia programación. Si un objetivo no fuera alcanzable, se produciría una falta de motivación en el grupo.

- Observable: los objetivos de formación se definen a través de conductas observables y medibles, con el fin de poder analizar los resultados obtenidos y de favorecer tanto la labor del docente como el propio proceso de enseñanza-aprendizaje del alumnado en cuanto al cumplimiento de los mismos.

- Evaluable: el objetivo de formación debe ser un referente evaluativo, que mida las competencias alcanzadas por el alumnado en cuanto a su formación. Tiene, por tanto, función de criterio de evaluación que servirá a los docentes y alumnado para controlar si se ha alcanzado la meta propuesta.

- Comunicativo: al formular los objetivos de formación y definirlos de forma explícita, el alumno tiene la posibilidad de conocer lo que se espera que logre mediante la acción formativa. Por tanto, le servirá como guía en su proceso de aprendizaje y como punto de referencia en su formación.

- Coherente: se referirán logros concretos y significativos, estructurados en un orden lógico de desarrollo progresivo. Por otra parte, serán formulados en términos de conocimientos, habilidades o destrezas y actitudes o habilidades personales y/o sociales (competencias).

En caso de que la acción formativa esté vinculada a una certificación profesional, veíamos en el capítulo anterior ciertas particularidades: que el objetivo general del módulo se formula atendiendo a las realizaciones profesionales indicadas por la UC a la cual está asociada, que los objetivos específicos corresponden con las capacidades del MF o UF correspondiente o que el logro de los criterios de evaluación son los resultados objetivos operativos que hay que comprobar. En este caso, los objetivos serán fijados por instancias externas expertas.

Atributos SMART

Formular correctamente los objetivos supone tener en cuenta que deben cumplir con los siguientes atributos SMART:

- *Specific* (específicos): el logro pueda ser realmente, atribuido a la acción formativa desarrollada sin ambigüedades ni posibilidades de interpretación erróneas.

  Este es uno de los errores más frecuentes: plantear objetivos ambiguos que no proporcionan una idea exacta de cuál es el resultado esperado.

- **_Measurable_ (medibles):** que pueda comprobarse, monitorizarse y establecerse conclusiones sobre el grado en que se han conseguido.

  Otro error frecuente: plantear objetivos difícilmente medibles o que, directamente, no se pueden medir.

- **_Achievable_ (alcanzables):** que haya posibilidades de conseguirlo a lo largo de la acción formativa (tiempo, disponibilidad de recursos y materiales…).

- **_Relevant_ (relevante):** que tenga importancia para los resultados globales del proceso de enseñanza-aprendizaje y responda a las necesidades de competencia del alumnado.

- **_Time-bounded_ (temporalizados):** con establecimiento de límites temporales.

Figura 3.3. Atributos SMART.

Normas de redacción:

Existe una serie de normas para la redacción de los objetivos formativos, que tendrá que ver tanto con su formulación como con su definición y tipología. Como norma general, cuando formulemos objetivos de formación, procuraremos redactarlos siguiendo la estructura:

INFINITIVO/S + OBJETO + FINALIDAD

Ejemplo: Programar (infinitivo de verbo de acción de las realizaciones profesionales pretendidas) acciones formativas para el empleo (objeto o contenido sobre el que se ejerce la acción del verbo) adecuándolas a las características y condiciones de la formación, al perfil de las personas destinatarias y a la realidad laboral (finalidad).

En el caso de que la acción formativa esté vinculada a certificación profesional:

- Seguiremos la misma norma para los objetivos generales, con algún ajuste:

  INFINITIVO/S + OBJETO + FINALIDAD + «ajustándose a los criterios de realización establecidos en la unidad de competencia correspondiente»

- En el caso de los objetivos específicos, se incluirá el siguiente texto:

  «Logro de las siguientes capacidades: C1 (se escriben las capacidades tal como aparecen en el certificado sin incluir los criterios de evaluación); C2...».

Dependiendo de la dimensión competencial a la que hagan referencia, utilizaremos para su formulación y redacción unos verbos de acción u otros:

- En el caso de los objetivos de formación referidos a la dimensión de conocimientos, utilizaremos verbos como: *aplicar, clasificar, interpretar, comentar, comparar, generalizar, estudiar, conocer, explicar, relacionar, definir, memorizar, resumir, inferir, indicar.*

- En el caso de objetivos de formación referidos a la dimensión de destrezas y/o habilidades: *elaborar, adaptar, redactar, exponer, comunicar, transmitir, situar, manejar, diseñar simular, ejecutar, caracterizar, organizar, localizar, controlar, clasificar, definir, resumir, comentar, debatir, sintetizar, leer, enunciar, representar, interpretar, crear, dramatizar, explicitar, formular (preguntas).*

- En el caso de la dimensión de habilidades personales y sociales: *aceptar, valorar, apreciar, considerar, rechazar, ayudar, cooperar, tolerar, respetar, disfrutar,concienciar, sensibilizar, perdonar, cuidar, practicar, criticar.*

ACTIVIDAD 3.4

1. Lee el artículo **«La taxonomía de Bloom y sus actualizaciones»** que encontrarás en el anexo y elabora tu propia tabla de verbos de acción.

2. En el anexo también encontrarás una interesante clasificación de los verbos de acción con algunos ejemplos de aplicación.

3.4. Los contenidos formativos: conceptuales, procedimentales y actitudinales. Normas de redacción. Funciones. Relación con los objetivos y la modalidad de formación

Una vez que se establecen y formulan claramente los objetivos de formación, debemos analizar el modo de conseguirlos. Para ello, se procederá a determinar los contenidos que se van a impartir durante el proceso formativo.

Los contenidos formativos conformarán un conjunto de conocimientos que el alumnado debe adquirir durante la acción formativa, en vista a desarrollar y mejorar su desempeño profesional. Los contenidos formativos proporcionarán una información que el alumnado utilizará para construir su propio proceso de aprendizaje.

Los contenidos formativos configurarán la base sobre la que se asentarán y programarán las distintas acciones y actividades del proceso formativo y, a su vez, son el vehículo para conseguir el logro de objetivos.

Los contenidos pueden ser teóricos y/o prácticos:

- Los contenidos teóricos son aquellos que hacen referencia a conocimientos, teorías e investigaciones.

- Los contenidos prácticos serán aquellos que hagan referencia a la adquisición de destrezas y habilidades propias de la profesión (reglas, procedimientos y estrategias), y que generalmente se enlazan con los conocimientos como complemento de aprendizaje.

Conceptuales, procedimentales y actitudinales

Dependiendo del área que se pretenda trabajar con los contenidos, se suelen clasificar en:

- Contenidos **conceptuales** o contenidos vinculados al saber: corresponden a la dimensión competencial de los conocimientos, es decir, hacen referencia a los hechos y objetos, conocimientos e ideas y principios y leyes que el alumnado deberá adquirir y comprender a lo largo del proceso formativo, relacionándolos con los conocimientos previos del propio alumnado.

> Proporcionan las bases para sustentar las distintas destrezas y habilidades implicadas en las competencias profesionales.

- Contenidos **procedimentales** o vinculados al saber hacer: corresponderán con la dimensión competencial de las destrezas. Como sabemos, las destrezas podrán ser prácticas o cognitivas. Los contenidos procedimentales serán modos de actuación que faciliten el logro de un fin propuesto, como puede ser aprender de manera significativa. Mediante la consecución de estos contenidos, el papel del alumnado pasa de un rol un tanto pasivo de adquisición de conocimientos a un papel protagónico en cuanto a su proceso formativo, poniendo en juego las habilidades, destrezas, estrategias y procesos internos previos y adquiridos necesarios para la resolución de tareas y situaciones nuevas. Dichos contenidos estarán, por lo tanto, vinculados con la responsabilidad y autonomía que requiere la cualificación profesional.

> Los contenidos procedimentales más característicos son las normas de acción (directrices acerca de cómo realizar una acción), las técnicas (una serie de normas de acción encadenadas) y los criterios (elementos que permiten elegir o decidir la técnica que se debe aplicar).

- Contenidos **actitudinales** o vinculados al saber ser y saber estar: son el conjunto de las principales normas y valores personales y sociales propio de la competencia profesional a la que se refiere la acción formativa. Están vinculados a la dimensión competencial de las habilidades personales y sociales.

> Serán los contenidos de adquisición necesaria para el desarrollo personal y profesional de la persona en un ámbito social.

TIPOS DE CONTENIDOS

CONCEPTUALES	PROCEDIMENTALES	ACTITUDINALES
Vinculados con el **SABER**	Vinculados con al **SABER HACER**	Vinculados con al SABER SER y ESTAR

Figura 3.4. Tipos de contenidos.

Normas de redacción:

Dependiendo del tipo de contenido, existen unas normas generales de redacción de contenidos:

- Contenidos conceptuales: en la redacción de contenidos conceptuales no se suelen incluir verbos de acción, como pasaba con la formulación y redacción de objetivos. Al tratarse de contenidos teóricos, simplemente se referirán a teorías, hechos y conceptos propios de la materia que se pretende transmitir. Tales conocimientos se expresarán mediante sustantivos propios y específicos de cada una de las áreas o materias correspondientes.

> Por ejemplo: «Características generales de la programación de acciones formativas» o « La Historia Personal de Inserción Laboral».

- Contenidos procedimentales: este tipo de contenidos se expresa mediante la sustantivación de un verbo de acción o mediante un sustantivo, enlazado a otro sustantivo por medio de la preposición *de*. A diferencia de los contenidos conceptuales, los contenidos procedimentales dan sensación de proceso, de situación organizada y sistemática de aprendizaje. Por ello, al redactarlos, se utilizará siempre la misma fórmula:

VERBO SUSTANTIVADO O SUSTANTIVO + PREPOSICIÓN *DE* + SUSTANTIVO

> Ejemplo: «Utilización de herramientas de corte» o «Lectura de manual de instrucciones de la herramienta».

Algunos ejemplos de términos que nos pueden ayudar en la formulación de este tipo de contenidos son: *utilización, acondicionamiento, uso, creación, manejo, adaptación, deducción, ordenación, reproducción, síntesis, práctica, diseño, comparación, etcétera.*

- Contenidos actitudinales: para la redacción de contenidos actitudinales seguiremos la misma fórmula que en los dos anteriores casos, es decir, mediante un verbo sustantivado o mediante un sustantivo, unido al sustantivo propio del contenido actitudinal que se debe asimilar.

> Por ejemplo: «Aceptación de la diversidad cultural en el contexto profesional».

Algunos ejemplos de términos que nos pueden ayudar en la formulación de este tipo de contenidos son: *adquisición, aceptación, hábito de, valoración de, tolerancia por, disposición, defensa de, reflexión, etcétera.*

Funciones:

Los contenidos, en la programación didáctica, cumplen una serie de funciones:

- Funcionabilidad: responden a las necesidades de la actividad que se vaya a realizar.

- Significación epistemológica: responden a las necesidades del colectivo.

- Aportan coherencia a la estructura interna de la programación.

- Integran diferentes ámbitos.

Relación con los objetivos y la modalidad de formación

Los contenidos formativos, como decíamos anteriormente, configurarán la base sobre la que se asentarán y programarán las distintas acciones y actividades del proceso formativo y, a su vez, son el vehículo para el logro de objetivos. Por ello, guardarán una estrecha relación con los objetivos formulados en el sentido de que, para que estos sean operativos y se logre lo que pretenden, necesitarán apoyarse en una estructura formada por contenidos secuenciados y temporalizados. A su vez, estos contenidos deberán estar adaptados a ciertos parámetros didácticos como son las características del grupo participante, el tiempo y recursos disponibles, la metodología de trabajo, el contexto y la modalidad de formación.

> «Un contenido será útil si sirve para reconstruir el conocimiento vulgar del alumno y desarrollar las capacidades que pretendemos en un marco determinado; será significativo si incluye los contenidos concernientes a la realidad, y será adecuado y global si se adapta a la competencia cognoscitiva de los alumnos y se relaciona con otros intereses».
>
> (Antúnez, 1999: 119)

Para determinar los contenidos que se van a desarrollar durante la acción formativa, se deben tener en cuenta factores como:

- El nivel de conocimiento de partida del grupo y, si fuera posible, de cada participante, con el fin de adaptar los contenidos a sus necesidades.

- El perfil profesional de la ocupación.

- La materia que se va a desarrollar en la acción formativa, para seleccionar contenidos actuales y relacionados con el perfil profesional de la ocupación.

- La objetividad y aplicabilidad de los contenidos.

Por otro lado, los contenidos formativos deben seleccionarse y adaptarse a la diferente metodología de trabajo de cada una de las modalidades de formación (presencial y teleformación).

3.5. Secuenciación. Actualización y aplicabilidad

> El concepto de secuenciación se puede definir como la idea de una serie lineal de diversos contenidos, presentados uno tras otro, que mantienen entre sí una ordenación específica y una coherencia interna consiguiendo un determinado efecto en su realización práctica.

Según esta definición, los contenidos se presentarán uno tras otro, en un orden y manera concretos. Si se cambiara el orden, el resultado final variaría. Por otra parte, también destaca una coherencia interna, que conlleva el logro de lo que se desea, es decir, alcanzar el objetivo deseado.

Un buen contenido será aquel que:

- Proporciona información conducente al logro de los objetivos.
- Contiene solamente la información necesaria.
- Se presenta en grupos lógicos de información.
- Incluye bloques de información especializada necesaria para afianzar conceptos y destrezas nuevas.
- Es actual y cercano a la realidad y al entorno de los participantes y, en el caso de programaciones formativas de FP, al contexto profesional de la cualificación.

Una correcta secuenciación de contenidos deberá tener en cuenta factores como (Gallegos, 1998):

- Las características del alumnado y el grupo (nivel madurativo y conocimientos previos).
- Las características del proceso de aprendizaje: la integración equilibrada de todos los tipos de contenidos, la estructura lógica interna de la materia que se va a estudiar, la selección de un contenido como línea conductora de las secuencias relacionadas, la secuenciación de las secuencias relacionadas, la delimitación de las ideas-clave de cada secuencia, la continuidad entre los eslabones de la secuencia, el grado de progresión entre los eslabones de la secuencia.

- La propia labor docente: la elaboración detallada de cada secuencia concreta y la evaluación, reelaboración y continua adecuación de cada secuencia de acuerdo con los resultados obtenidos tras su aplicación real en el aula.

La secuenciación de contenidos, por lo tanto, consistirá en:

1. Identificar previamente el conocimiento general de los participantes.

2. Presentar (o elaborar y presentar) la información que queremos transmitir como docentes en pasos fácilmente asimilables (secuencias).

3. Avanzar de lo conocido a lo desconocido, de lo concreto a lo abstracto, de lo fácil a lo difícil.

4. Evaluar, reflexionar y reelaborar cada secuencia conforme a los resultados obtenidos.

Actualización y aplicabilidad:

Los contenidos tienen que estar siempre actualizados. Este actualización tendrá su origen en la evaluación continua de los mismos en función de diferentes indicadores. Por ejemplo:

1. Adecuación al grupo de incidencia.

2. Errores detectados.

3. Mejoras derivadas de la información recogida tras su aplicación.

4. Evolución de la técnica.

5. Cambios legislativos.

6. Adecuación al contexto profesional de la cualificación.

Un contenido es **aplicable** cuando la información que ofrece puede ser utilizada en situaciones prácticas o reales (en este caso, en el contexto profesional con el que está relacionado).

ACTIVIDAD 3.5

Elabora un listado descriptivo de indicadores para evaluar si un contenido es aplicable. Por ejemplo:

- **Relevancia.** ¿El contenido se relaciona directamente con los objetivos planteados?

- **Contextualización.** ¿Incluye ejemplos prácticos?

3.6. Las actividades: tipología, estructura, criterios de redacción y relación con los contenidos. Dinámicas de trabajo en grupo

En la programación formativa, una vez establecidos los objetivos que se pretende lograr y propuestos los contenidos que se van a desarrollar, se diseñarán o seleccionarán una serie de actividades, cuya ejecución afianzará conceptos y apoyará el desarrollo de habilidades y, en definitiva, contribuirá a la consecución de objetivos y, por tanto, al desarrollo de las competencias asociadas a la unidad o acción formativa.

Las acciones o actividades que se realizan en una acción formativa deben estar relacionadas con las dimensiones de la competencia que estén implicadas. Dependerán, por tanto, de la competencia profesional que se quiera trabajar en cada momento la elección y el diseño de una u otra actividad. Las actividades, a su vez, conducen a un resultado final observable y medible.

Tipología

Las clasificaciones de las actividades son tantas como actividades se puedan diseñar. Una de las más conocidas es la realizada por Benjamin Bloom y posteriores revisiones de sus colaboradores Anderson y Krathwohl en 2001, que dividió las habilidades de pensamiento y aprendizaje de la persona en:

- Recordar: reconocer y traer a la memoria información relevante de la memoria a largo plazo.

> Por ejemplo, actividades de aprendizaje cuya finalidad sea reconocer (*Identifique la herramienta adecuada para apretar el siguiente tornillo*), recordar (*Nombre tres tipos de animales invertebrados*), listar, describir, recuperar, denominar, localizar.

- Comprender: habilidad de construir significado a partir de material educativo, como la lectura o las explicaciones del docente.

> Por ejemplo, cualquier actividad de aprendizaje cuya finalidad u objetivo sea interpretar, ejemplificar, clasificar, resumir, inferir, comparar, explicar o parafrasear.

- Aplicar: aplicación de un proceso aprendido, ya sea en una situación familiar o en una nueva.

> Será aquella actividad que consista en ejecutar, implementar, desempeñar y usar.

- Analizar: descomponer el conocimiento en sus partes y pensar en cómo estas se relacionan con su estructura global.

> Será toda actividad de aprendizaje cuya finalidad sea diferenciar (*Señale la información adecuada y tache la irrelevante*), organizar (*Ordene la siguientes herramientas en el taller*), atribuir, comparar, deconstruir, delinear, estructurar o integrar.

- Evaluar: comparar y discriminar entre ideas; dar valor a la presentación de teorías; escoger basándose en argumentos razonados; verificar el valor de la evidencia; reconocer la subjetividad.

> Será toda actividad de aprendizaje que tenga como finalidad comprobar, criticar, revisar, formular hipótesis, experimentar, juzgar, probar, detectar, monitorear.

- Crear: involucra reunir cosas y hacer algo nuevo. Para llevar a cabo tareas creadoras, los aprendices generan, planifican y producen.

> Será toda actividad de aprendizaje que implique generar, planear, producir, diseñar, construir, idear, trazar o elaborar.

Esta sería una tipología basada en las habilidades que desarrolla la persona. Por otra parte, podemos realizar otra tipología en función del momento de su utilización:

- Actividades de introducción-motivación: son actividades que se ejecutan al inicio del proceso y que tienen como finalidad despertar el interés de los alumnos en cuanto a los objetivos que se pretende lograr y los contenidos que se van a desarrollar.

- Actividades de conocimientos previos: se realizan para identificar las ideas, opiniones, creencias y conocimientos que los participantes tienen acerca de los contenidos que se van a desarrollar en la acción formativa.

- Actividades de desarrollo y comprensión: permiten al alumno conocer las competencias profesionales (conocimientos, destrezas y actitudes) y contenidos nuevos y transmitir información acerca de su adquisición. Se ejecutan durante el proceso formativo.

- Actividades de consolidación: mediante estas actividades contrastamos las nuevas competencias profesionales adquiridas con los conocimientos e ideas previos, aplicando lo aprendido.

- Actividades de refuerzo: programaremos estas actividades para alumnos con necesidad de una mayor diversificación.

- Actividades de recuperación: como docentes, programaremos estas tareas para los alumnos que no han alcanzado los resultados de aprendizaje.

- Actividades de opinión y ampliación: estas actividades permiten continuar con el proceso de construcción de conocimiento a los alumnos que han realizado correctamente las actividades de desarrollo propuestas.

Será labor del docente seleccionar y diseñar las actividades adecuándolas a las características del alumnado, al tiempo y recursos disponibles y a los objetivos propuestos, teniendo en cuenta la concordancia con los contenidos que se van a desarrollar en la acción.

Criterios de redacción de las actividades

Podemos afirmar que, como norma general, las actividades se formularán:

- Mediante un verbo de acción en tercera persona y en tiempo futuro. Por ejemplo: *elaborará, redactarán, manejarán, analizará,* etcétera.

- Se incluirán todo tipo de detalles e instrucciones que se quieran identificar mediante la realización de la actividad. Las descripciones serán tanto de la propia actividad como de la finalidad que se pretende alcanzar, mediante los recursos especificados y siguiendo la metodología explicitada.

> Por ejemplo: *Realizarán (verbo futuro) + en grupos de dos personas y durante 25 minutos* (metodología de trabajo) + *un esquema donde se plasme de manera ascendente a descendente las fases de una programación didáctica* (lo que se pretende) + *en la pizarra del aula teórica y valiéndose del correspondiente material de apuntes propios* (recursos) + *que será evaluado por sus compañeros de grupo* (finalidad).

- Se describirá la actividad siguiendo un orden de realización (secuenciación).

Estructura

Las actividades de aprendizaje tienen que seguir una estructura determinada. Los modelos son variados, pero podemos inferir que los datos más relevantes que conforman una actividad para una programación formativa son:

- Módulo formativo o unidad formativa al o a la que está asociada la actividad.

- Número de actividad: posición que ocupa la actividad dentro del MF o UF.

- Duración: tiempo límite del que se dispone para realizar la actividad. Por ejemplo, una hora.

- Denominación: muchas veces, las actividades presentan un nombre con el fin de describirlas y diferenciarlas de otras actividades. A veces se utiliza el objetivo específico correspondiente de la formación (capacidad). Por ejemplo: *Interpretar un plano.*

- Descripción de la actividad: se redacta el enunciado siguiendo las normas de redacción anteriormente citadas. Se debe describir exhaustivamente lo que se pretende, de forma concisa, clara y detallada.

- Medios necesarios: se detallarán todos los recursos pedagógicos que serán utilizados para la realización de la actividad.

- Pautas docentes: se explicitará la labor del equipo docente antes, durante y después de iniciar la actividad. Hasta este punto, el alumnado puede ver explícitamente la estructura de la actividad.

- Dimensiones competenciales que se integran: se explicitarán los conocimientos, destrezas y actitudes (competencias profesionales) que se van a desarrollar en la actividad y que se van a identificar por parte del docente con propósito evaluador.

- Criterios de evaluación e indicadores de logro: se explicitarán ambos en el diseño de la actividad y en la programación formativa. Será necesario que se relacionen con los objetivos propuestos.

- Evaluación: instrumentos y técnicas de evaluación que se van a utilizar para medir la consecución de los objetivos que persigue la actividad.

Un truco para evaluar si una actividad está bien redactada es dársela a otra persona del equipo docente. Si sabe exactamente cómo se tiene que desarrollar esta actividad, incluida la evaluación, estará bien redactada.

Relación con los contenidos

El número de actividades es ilimitado, por lo que será labor del docente seleccionar las que considere más acordes con los objetivos propuestos, considerando factores como las características del alumnado, la temporalización y los recursos disponibles.

Por otra parte, las actividades deben tener un orden y una estructuración de los contenidos que desarrollan para conseguir el equilibrio y la continuidad del proceso formativo. Deben seleccionarse en función de su aplicabilidad al contexto profesional y de la importancia que tienen para el desarrollo de las competencias profesionales del participante.

Los objetivos, contenidos y actividades deben guardar una íntima relación de concordancia. Dentro de cada actividad siempre habrá un objetivo que se alcanza y un contenido que se trabaja. Es más, como señalan algunos autores:

> «Dentro de cada tarea, el profesorado incluye un objetivo, siempre hay un contenido que se aprende, interviene un material, un tiempo y un espacio. La programación en el aula pivota alrededor de las tareas, no de los objetivos. En esta reflexión de análisis, reflexión y mejora de las tareas (actividades) está la verdadera innovación de la programación en el aula y, por tanto, del proceso de enseñanza-aprendizaje, ya que supone reflexionar sobre cómo aprenden los alumnos/as y cómo desarrollan su potencial de aprendizaje; favorece también la formación del profesorado y una constante revisión de la transmisión de los contenidos [...]».
>
> (Antúnez, 1999: 124)

Por otra parte, las actividades deben ser flexibles y versátiles, para poder adaptarse a la temporalización, recursos y características del grupo, aunque siempre teniendo presentes las capacidades y criterios de evaluación que se establecen normativamente para los contenidos y objetivos que se están trabajando.

La secuenciación de actividades debe guardar cierta lógica, al igual que nos pasaba con los contenidos. La asimilación de los aprendizajes debe ir de lo próximo a lo distante, de lo fácil a lo difícil, de lo conocido a lo desconocido, de lo individual a lo grupal y de lo concreto a lo abstracto. Por ello, cuando planifiquemos y programemos actividades, no podemos hacerlo sin tener en mente esta secuenciación de contenidos, así como tener presente lo que los alumnos tienen que saber, lo que deberían saber y lo que podrían saber, para conformar un proceso de desarrollo y adquisición de capacidades.

Dinámicas de trabajo en grupo

Las dinámicas de trabajo en grupo o dinámicas de grupo son procesos de interacción entre las diferentes personas que conforman un grupo en las que, debido al planteamiento de una situación ficticia, se busca la consecución de un objetivo.

Las diferentes técnicas de grupos tienen características propias que las hacen adecuadas o no según el tipo de grupo y las circunstancias que los rodean. La selección se hará basándose en:

- La adecuación de los objetivos: según sean contenidos teóricos, desarrollo de la creatividad o comprensión de situaciones laborales reales, se utilizará una u otra dinámica de grupos.

- La madurez o entrenamiento del grupo, así como las características de los medios: hay técnicas más complejas que requieren un entrenamiento previo o una actitud positiva hacia el trabajo en equipo.

- El tamaño del grupo: dependiendo del tamaño del grupo con el que se trabaje, unas técnicas son más adecuadas que otras.

- El espacio físico o los recursos materiales con los que se cuenta.

Algunas de las técnicas de dinámicas de grupo más utilizadas en acciones formativas de formación profesional para el empleo son:

- La tormenta de ideas (*brainstorming*): es una técnica originariamente creada por Alex Osborn, que la venía utilizando desde la década de los años treinta del siglo xx. Se suele aplicar con la finalidad de producir un desarrollo de la creatividad, de crear un clima de libertad de opinión y de búsqueda de soluciones consensuadas, así como de fomentar la participación. Consiste en plantear un problema y que todas las personas participantes en la acción aporten, durante un tiempo no superior a diez minutos, ideas y sugerencia de todo tipo. Mientras tanto, el docente o una persona designada, anota las ideas en una pizarra, sin analizar de ninguna manera, estimulando la participación de todo el grupo. Una vez terminado el tiempo estipulado, se pasa a someter a análisis y evaluación las ideas anotadas, con el fin de seleccionar las más adecuadas por consenso. Para la realización correcta de esta dinámica, deben respetarse ciertas pautas:

  — Debe existir una total libertad mental. El grupo debe estar cómodo y con confianza.

  — Se permiten todo tipo de expresiones, exceptuando las críticas.

— Se deben producir el mayor número de ideas posibles.

— Los participantes pueden y deben inspirarse en las ideas de los otros.

- Phillips 6/6: es una variante de la técnica del *brainstorming*, creada por Donald Phillips en 1948. Se trata de una dinámica que estimula la participación de los integrantes del grupo, mediante la división del mismo en subgrupos de seis miembros cada uno. Se debe elegir un coordinador en cada subgrupo, que se encargará de anotar, resumir y presentar la información que resulte del planteamiento de un problema por parte del docente, para el que tienen un tiempo de seis minutos para aportar ideas, llegando a una conclusión. Los coordinadores del grupo, una vez finalizado el tiempo, exponen el resultado al que se ha llegado por parte del subgrupo. La técnica estimula la participación activa de todos los integrantes del grupo, así como el sentido de responsabilidad.

- *Role playing* (juego de roles): se trata de una técnica muy usada en diversos contextos, desde la animación sociocultural hasta la selección de personal en el ámbito laboral. Mediante la realización de una determinada actividad escenificada, los participantes van desempeñando distintos papeles o roles, buscando que sean diferentes a los que tienen en la vida real. Por ejemplo, cualquier trabajador desempleado ejerciendo de jefe de una oficina con empleados a su cargo. Mediante esta técnica se trabajan destrezas y habilidades, a la par que se trabajan actitudes como la empatía (ponerse en el lugar de los demás).

- Simulación: técnica muy parecida al *role-playing*, pero en la que no se interpretan papeles, sino la situación o contexto. Sirve al grupo para el entrenamiento de destrezas y habilidades en el contexto profesional correspondiente, mediante una situación simulada, al igual que fomenta la participación activa.

- Método del caso: este método, ampliamente utilizado, tiene su origen en la facultad de Derecho de Harvard, a principios del siglo xx. Mediante la exposición de un caso detallado, con múltiples datos, el grupo deberá analizarlo y llegar a una conclusión o buscar una solución. El caso debe tener verosimilitud y cercanía a las características del grupo. Se propone para grupos pequeños, los cuales van a analizarlo, primero individualmente y después mediante una puesta en común por medio de un coordinador asignado.

Se suele utilizar como técnica de análisis y resolución de problemas reales, realizada aportando los conocimientos y destrezas adquiridos durante el proceso formativo. El docente debe facilitar la participación de los miembros, asumiendo un rol dinamizador.

- Clínica del rumor: esta técnica se realiza separando a los miembros del grupo y aportando un testimonio a uno de los miembros, que deberá contarlo a otro de los miembros del grupo, que estaba aislado y así sucesivamente. La intención es ver lo que cambia el testimonio desde la primera vez que se cuenta hasta la última. Se demuestra cómo se distorsiona la información a través de la comunicación. Se puede utilizar en grandes o pequeños grupos. Fomenta la participación activa. El docente dinamizará la situación.

- Debate dirigido: un grupo reducido de personas trata sobre un tema de manera informal, mediante la mediación del docente, que potenciará la participación en el debate de todos los miembros del grupo. Funcionará mejor con grupos pequeños.

3.7. Metodología: métodos y técnicas didácticas

La metodología, en sentido amplio, será la manera completa y ordenada de seleccionar, preparar, realizar y evaluar acciones de formación.

Las estrategias metodológicas supondrán en la programación didáctica la articulación, por parte del equipo docente, de cómo se va a llevar a cabo el proceso de enseñanza-aprendizaje. El establecimiento de dichas estrategias supone una reflexión previa acerca de los resultados y aprendizajes que se pretenden lograr y evaluar, las dimensiones competenciales implicadas, los contenidos asociados al MF o UF, la duración, los medios y recursos disponibles y la posibilidad de establecer tales o cuales estrategias metodológicas. Es decir, es un punto de inflexión dentro de la programación, en el que el/la docente debe pararse y reflexionar acerca de cómo va a llevar a cabo su labor para conseguir que el proceso educacional sea exitoso.

Las estrategias metodológicas deben tener ciertas características para que esto suceda:

- Ajustarse a los conocimientos y capacidades del alumnado.

- Conjugar todas las dimensiones competenciales implicadas con los contenidos asociados.

- Presentar una lógica y coherencia con el proceso.

- Potenciar ciertos puntos para que el aprendizaje sea significativo.

- Favorecer la participación del alumnado en su propio proceso de enseñanza-aprendizaje.

Por estrategias metodológicas entendemos las acciones y/o actividades que se van a realizar, los métodos didácticos y los medios que se requieren. En este apartado nos referiremos a los métodos y técnicas didácticas.

El método es el conjunto organizado de actividades, técnicas, tácticas y procedimientos de enseñanza-aprendizaje que tiene como meta favorecer la consecución de los objetivos propuestos.

Los métodos didácticos se clasifican, tradicionalmente, en función de una serie de factores:

- Según la **forma de razonamiento:**

  a. Métodos deductivos: el docente presenta conceptos, principios, teorías o afirmaciones de las que se van extrayendo conclusiones y consecuencias. Es un método que utiliza una dirección descendente, de lo abstracto a lo concreto, de lo universal a lo particular. A partir de leyes universales se llega a la comprensión del hecho concreto. Es el método tradicionalmente más utilizado en educación.

  b. Métodos inductivos: en el proceso de aprendizaje se parte de observaciones particulares para establecer reglas generales. Se basa en la experiencia y en la participación del alumnado, fomentando la interacción entre los participantes como medio para lograr el aprendizaje. El papel del docente será el de facilitador.

  c. Métodos analógicos o comparativos: se trabaja con datos concretos, buscando conclusiones a través de las comparaciones. El pensamiento va de lo particular a lo particular.

- Según la **organización de la materia:**

  a. Método basado en la lógica de la tradición o de la disciplina científica: los datos o hechos se presentan en un orden de antecedente y consecuente, obedeciendo a una secuenciación que va desde lo menos a lo más complejo.

  b. Método basado en la psicología del alumnado: el orden de presentación responde a los intereses y experiencias del alumnado, adaptándose la secuenciación al momento. Va de los conocimientos previos del alumno hacia lo desconocido para él.

- Según la **actividad del alumnado en el proceso de aprendizaje:**

  a. Métodos pasivos o afirmativos: el protagonismo en el proceso de formación es del docente. Los alumnos son meros receptores. Se basan en transmitir los conocimientos sin una participación activa del alumno. Son:

    — Método expositivo: este método se basa en la comunicación unidireccional del docente con los alumnos. El docente expone los contenidos que los alumnos/as deben aprender, mientras que los alumnos/as escuchan y toman notas.

    — Método demostrativo: se basa en la imitación del comportamiento del docente o de un experto cualificado en la realización de una tarea. Un ejemplo puede ser la formación en el puesto de trabajo que se desarrolla en ambientes profesionales y no requiere la presencia de un docente específico.

  b. Métodos activos o por elaboración: en estos métodos, tanto docente como alumno/a intervienen en el proceso de enseñanza-aprendizaje de manera conjunta y activa. El alumno se convierte en responsable de su propio aprendizaje. Son:

    — Método interrogativo: la comunicación entre el alumno y el docente se realiza a través de preguntas, por lo que el alumno va adquiriendo paulatinamente los contenidos de aprendizaje.

    — Métodos activos: se basan en la participación del alumno. El docente asumirá el papel de orientador, dinamizador, motivador y facilitador del aprendizaje. Son:

      - Métodos de descubrimiento: el desarrollo de la acción se realiza a través de la búsqueda por parte del alumnado de una respuesta o solución a un problema por sí mismo y bajo un leve control del docente, convirtiéndose el alumno en protagonista de su propia formación mediante la investigación personal, el contacto con la realidad y las experiencias con el grupo.

      - Métodos individualizados: estos métodos buscan adecuar la formación a las necesidades reales, características propias y situaciones personales y/o profesionales de cada individuo.

      - Método tutorial: son métodos consistentes en reuniones periódicas entre el docente (tutor) y el alumno/a, en las que se discute el proceso de enseñanza-aprendizaje del alumno.

- Según el **trabajo del alumno/a:**

    a. Métodos de trabajo individual: las tareas, procedimientos y ejercicios deben ser resueltos por cada uno de los participantes en la formación de manera individual.

    b. Métodos de trabajo colectivo: las tareas, procedimientos y ejercicios deben ser resueltos por grupos de alumnos/as.

    c. Métodos de trabajo mixto: combinación de los dos anteriores, realizados simultáneamente.

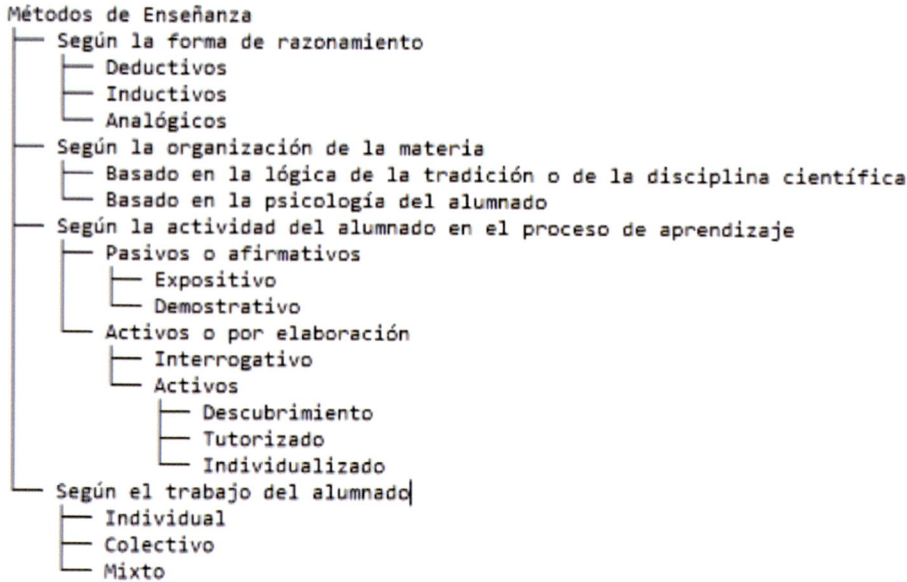

Figura 3.5. Métodos de enseñanza.
Esquema creado con Copilot.

Hay que tener en cuenta, a la hora de seleccionar un método, que ninguno es mejor que otro, sino que dependerá de la situación de aprendizaje, del propio contenido y de las características del grupo la elección de uno u otro método. Por ello, cobrará una gran relevancia la elección del método que se va a seguir dependiendo de la actividad del alumno en el proceso de enseñanza-aprendizaje. Este tipo de métodos tendrán una serie de ventajas e inconvenientes, que resaltaremos a continuación:

MÉTODOS PASIVOS	VENTAJAS	INCONVENIENTES
MÉTODO EXPOSITIVO	Proporcionan información fundamental sobre los contenidos que se están tratando. Permite flexibilizar los contenidos y el ritmo de aprendizaje. Utilidad en situaciones de aprendizaje con pocos medios o para un grupo numeroso. Es compatible con otros métodos más participativos y con técnicas como la dinámica de grupos.	Poca participación del alumnado en el proceso de enseñanza-aprendizaje, limitándose su papel a la memorización de la información. Puede dificultar el interés y el análisis crítico, por lo que puede desmotivar al grupo. No es muy adecuado para la adquisición de competencias profesionales propias de la dimensión de competencias y de la dimensión de habilidades personales y sociales. Existe poca retroalimentación.
MÉTODO DEMOSTRATIVO	Muy apropiado para la realización de objetivos relacionados con contenidos procedimentales. Adecuado para una formación rápida. Permite el aprendizaje en el contexto natural de la profesión. Retroalimentación precisa e inmediata. Evaluación ajustada a unos criterios precisos de rendimiento.	Precisa dedicación y tiempo. Dificultad de aplicación a grupos numerosos. Necesidad de recursos.

MÉTODOS ACTIVOS	VENTAJAS	INCONVENIENTES
INTERROGATIVO	Máxima actividad y protagonismo del alumno. Alto nivel de autosatisfacción del alumno.	Riesgo de que el grupo por sí mismo no toque determinados contenidos a no ser que el formador lo haga a través de preguntas más dirigidas. Produce dispersión si no se hacen las suficientes síntesis y recapitulaciones.
DESCUBRIMIENTO	Método muy flexible y versátil. Muy motivador. Fomenta la formación y consolidación de los grupos.	Lento. Útil solamente para alumnos muy motivados y con alto nivel de preparación previa. El descubrimiento puede darse sectorialmente, por lo que los demás miembros del grupo tendrían un papel pasivo.

MÉTODOS ACTIVOS	VENTAJAS	INCONVENIENTES
INDIVIDUALIZADOS	Se adapta a las necesidades de cada alumno, que podrá gestionar su propio tiempo y esfuerzo. En modalidades como la teleformación, la acción puede llegar a muchos alumnos.	Heterogeneidad del grupo. Dificultad de elaborar y aplicar pruebas de evaluación personalizada.
TUTORIAL	Adaptado a las características individuales de cada alumno. Fomenta el pensamiento reflexivo y el autoaprendizaje. Desarrolla el sentido crítico hacia el trabajo y la automotivación. Favorece la integración de los conocimientos. El alumno decide sobre su propio ritmo de aprendizaje.	Requiere mucho esfuerzo por parte del alumno y puede resultar desmotivadora.

En nuestra labor como docentes, seleccionaremos unos u otros métodos didácticos en función de una serie de principios básicos. Algunos autores, como Bernardo Carrasco, destacan una serie de estos principios como característicos de los métodos:

- Principio de la ordenación: por el que todo método supone la disposición ordenada de todos sus elementos, en progresión bien calculada, para que el aprendizaje sea eficaz.

- Principio de la orientación: todo método proporciona a los alumnos una orientación definida para que aprendan de modo seguro.

- Principio de la finalidad: que hace que el método didáctico solo sea válido y significativo cuando apunte a los objetivos que los alumnos deben alcanzar.

- Principio de la adecuación: todo método didáctico debe adecuar los datos de la materia a la capacidad de los alumnos.

- Principio de la economía: todo método didáctico procura cumplir sus objetivos del modo más rápido, fácil y económico en tiempo, materiales y esfuerzos, sin perjuicio de la calidad de la enseñanza.

Todas estas características nos ayudarán a seleccionar los métodos en función de:

- Su especifidad: un método puede servir perfectamente a unos objetivos, pero no tiene por qué abarcar todas las competencias dimensionales de un objetivo.

- Su complementariedad: los métodos deben ser capaces de combinarse, durante el proceso de enseñanza-aprendizaje, con otros métodos, técnicas y estrategias metodológicas presentes.

- Su interdependencia: su relación con otros métodos y con la situación de aprendizaje.

- Su relatividad: no existe un método mejor que otro, pero sí que existen situaciones de aprendizaje en las que es mejor utilizar un método de otro. Será labor del docente adecuar los métodos a las situaciones.

Técnicas didácticas

Para cada método, existen unas técnicas didácticas o estrategias de aprendizaje. Las técnicas didácticas serán medios o procedimientos sistematizados que ayudarán al docente en su labor organizativa y desarrolladora de la acción formativa. Como ocurre con los métodos didácticos, la selección y aplicación de técnicas didácticas en la acción formativa dependerá de factores como las características del grupo (necesidades, expectativas y perfil del colectivo), de las características de la materia que se va a impartir, de los recursos disponibles de los propios métodos didácticos seleccionados y de la competencia profesional del equipo docente.

Por ejemplo, para los métodos centrados en la actividad del alumnado en el proceso de enseñanza aprendizaje serán las técnicas didácticas aplicadas en métodos pasivos (expositivo y demostrativo) y métodos activos (interrogativo, descubrimiento, individualizados y tutorial).

Algunos ejemplos de técnicas didácticas relacionadas con estos métodos se presentan a continuación:

MÉTODOS PASIVOS	EJEMPLO DE TÉCNICA DIDÁCTICA
EXPOSITIVO	Lección magistral
DEMOSTRATIVO	Simulación

- La **lección magistral** se basa en un proceso de selección, estructuración y transmisión de conocimientos por parte del docente, en el que los alumnos/as adoptan una actitud de escucha. Las características esenciales de esta técnica son la transmisión de conocimientos y el ofrecimiento de un enfoque crítico de la materia que se debe aprender que lleve a los alumnos a reflexionar y descubrir las relaciones entre los diversos conocimientos que se transmiten. Se realiza mediante expresión oral y apoyándose en recursos didácticos, como pizarras, carteles y material impreso. El papel competencial del docente es fundamental.

- La **simulación** consiste en que, mediante la resolución de una situación preparada, se proporcione un aprendizaje de destrezas y habilidades sobre situaciones propias del contexto profesional real.

MÉTODOS ACTIVOS	TÉCNICA DIDÁCTICA
INTERROGATIVO	Resolución de problemas
DESCUBRIMIENTO	Resolución de problemas Estudio de casos Proyecto
INDIVIDUALIZADOS	Proyecto Estudio de caso
TUTORIAL	Proyecto

- La **resolución de problemas** es una técnica mediante la cual el docente plantea una situación o problema, una pregunta, y se pretende que el alumno/a sea capaz de analizarlo y formular distintas soluciones.

- El **estudio de caso** es una técnica en la que se le presenta al alumno/a una situación nueva, con carácter real o una ficción, para la cual debe proponer una solución meditada y única.

- El **proyecto** consistirá en el asesoramiento del alumno/a por parte del docente para el estudio de una cierta materia fuera de la acción docente del aula y mediante un plan de trabajo determinado.

3.8. Características metodológicas de las modalidades de impartición de los certificados profesionales

Tal como establece la Ley Orgánica 3/2022, las ofertas de Formación Profesional de grado A, B, C, D y E podrán impartirse en cualquiera de las modalidades presencial, semipresencial y virtual (previa autorización por la autoridad competente) siempre que se cumplan los condicionantes determinados por esta ley. Será la Administración competente quien determine las condiciones de impartición de los certificados profesionales en las distintas modalidades con el fin de garantizar la calidad.

Tenemos, por tanto, dos modalidades de impartición reguladas en el caso de acciones formativas vinculadas a certificados profesionales: presencial y teleformación.

3.8.1. Modalidad de impartición presencial

Esta modalidad se caracteriza por la coincidencia en tiempo y espacio de al menos un docente y los participantes en la acción formativa, permitiéndose así la interacción directa y continua en el proceso de enseñanza-aprendizaje del docente con el alumno/a y con el grupo.

Las acciones formativas conducentes a un certificado profesional que se realicen en modalidad presencial se impartirán en aulas, talleres o instalaciones apropiadas, regulando sus requisitos por el real decreto correspondiente al certificado y, por consecuencia, establecido en el programa formativo.

En las acciones formativas de los certificados profesionales en las que el **módulo de formación práctica en centros de trabajo** se desarrolle una vez realizado el resto de los módulos formativos, dicho módulo habrá de iniciarse en un plazo no superior a cuatro meses naturales desde la finalización del último módulo formativo. Para determinados certificados profesionales que por su naturaleza presenten dificultades para el cumplimiento del citado plazo, podrá solicitarse a la Administración competente una autorización para su ampliación.

El tutor o tutora de este módulo será el designado por el centro de formación entre los docentes o tutores formadores que hayan impartido los módulos formativos del certificado profesional correspondiente.

El tutor del módulo de formación práctica en centros de trabajo será responsable de acordar con el tutor designado por la empresa el programa formativo de este módulo. Para establecer el programa formativo se considerarán las capacidades, criterios de evaluación y contenidos establecidos para este módulo en el certificado profesional. Dicho programa ha de incluir criterios para la evaluación, observables y medibles. El seguimiento y la evaluación de los alumnos se realizará conjuntamente por el tutor/a del centro y el tutor/a designado/a por la empresa, y se reflejará documentalmente.

3.8.2. Modalidad de impartición teleformación (*e-learning*)

Esta modalidad de impartición se entenderá realizada cuando las acciones formativas se desarrollen en su totalidad, o en parte combinadas con formación presencial y de acuerdo a lo establecido en cada certificado, a través de las tecnologías de la información y comunicación posibilitando la interactividad del alumnado entre sí, con el equipo de tutorización-formacion y con los recursos situados en distinto lugar.

La formación del certificado mediante teleformación será la misma que en la modalidad presencial respecto a la estructuración modular, duración del MF y/o UF, capacidades, criterios de evaluación y contenidos.

En ningún caso el módulo de formación práctica en centros de trabajo podrá impartirse mediante teleformación.

La formación referida a los certificados profesionales susceptible de impartición por teleformación podrá ofertarse de forma completa, para todo el certificado, o de forma parcial, para determinados MF o UF. Estará organizada de manera que permita un proceso de aprendizaje sistematizado para el participante a través de una plataforma virtual que deberá cumplir los requisitos de accesibilidad y diseño establecidos por la Administración competente, y que necesariamente será complementada con asistencia tutorial.

En los módulos formativos en los que, además, se contemple una formación presencial, se desarrollarán tutorías presenciales en uno o más centros acreditados para el correspondiente certificado profesional, de manera que se asegure esta formación respetándose, en todo caso, el número de alumnos para los que estuviera acreditado cada centro.

En cada certificado susceptible de ser impartido mediante teleformación se determina para cada MF o UF el **número de horas de tutorías presenciales,** así como las capacidades y criterios de evaluación vinculados a las mismas y una estimación de la duración de la prueba de evaluación final de carácter presencial.

La suma de las horas de formación *online,* las tutorías presenciales y la evaluación final ha de coincidir con la duración total del módulo establecida en el real decreto que regula el certificado correspondiente.

En la modalidad de teleformación, existe un sistema tutorial, que estará basado en tutorías virtuales y, en su caso, presenciales, que serán de carácter obligatorio y se desarrollarán a lo largo de la acción formativa.

- Las tutorías virtuales incluirán acciones orientadoras y de apoyo a los procesos de aprendizaje, dando respuesta a los problemas que puedan surgir y a las consultas realizadas, manteniendo un tiempo de demora no superior a 48 horas laborables.

- Estas tutorías podrán ser individuales o colectivas y se pueden realizar de forma asíncrona o síncrona. En este último caso se establecerá un horario para la participación común.

- Las tutorías presenciales incluirán actividades de aprendizaje vinculadas con las capacidades y criterios de evaluación que se establecen para cada certificado. Estas tutorías se desarrollan en los espacios e instalaciones del centro o entidad de formación acreditada, durante el periodo de realización del módulo formativo correspondiente, y tendrán lugar en las fechas establecidas en la planificación didáctica.

La metodología se basará en la utilización de procedimientos y herramientas que impliquen activamente al alumnado en el proceso de formación, en un entorno flexible e interactivo que facilite la adquisición de las capacidades de los módulos formativos y estimulen su motivación.

> Esta metodología, además, potenciará la combinación del aprendizaje autónomo y colaborativo, desarrollando actividades variadas en las que el alumno reciba una respuesta continua acerca de su rendimiento. Las estrategias metodológicas se concretarán en la programación didáctica de cada módulo formativo.

Los materiales y soportes didácticos configurarán el curso completo, que estarán integrados en la plataforma virtual y se ajustarán a lo establecido en la programación didáctica y en la planificación de la evaluación de cada módulo formativo. El curso completo dispondrá, además, de una guía para el alumnado, con toda la información que precisa sobre el desarrollo del curso, y de una guía para los tutores-formadores, que pueda ser utilizada como guía de aprendizaje y evaluación de cada módulo.

Algunas claves organizativas son las siguientes:

- En un mes natural se puedan realizar como mínimo cincuenta horas de formación y como máximo ciento veinte horas.

- Las ratios adecuadas, que en el caso de los centros que impartan grados A, B y C en la modalidad virtual será de treinta y cinco personas por profesor/a, formador/a o persona experta, que las Administraciones podrán adaptar a las características de la oferta formativa concreta, los destinatarios y sus necesidades específicas.

Al comienzo de la acción formativa se realizará una sesión inicial, que puede ser presencial o a través de la plataforma virtual, para la presentación de dicha acción, con objeto de informar a los alumnos sobre el funcionamiento del curso, metodología, tutorías presenciales, calendario y sistema de evaluación. Asimismo, se informará sobre las condiciones de exención del módulo de formación práctica en centros de trabajo.

Real Decreto 659/2023. Artículo 27.

Aspectos específicos de la evaluación en las modalidades semipresencial y virtual.

[...]

1. *La evaluación de los módulos formativos será realizada por el profesorado, formadores y formadoras y personas expertas, mediante un seguimiento del proceso de aprendizaje y una **prueba de evaluación final** de carácter presencial.*

    *El seguimiento del proceso de aprendizaje incluirá el **análisis de las actividades y los trabajos presentados en la plataforma virtual** y realizados a lo largo de la acción formativa, así como la **participación** en las herramientas de comunicación que se establezcan.*

    Los criterios de evaluación establecidos de forma cuantificada de cada una de las actividades que intervienen en el proceso de aprendizaje se aplicarán según lo definido en el proyecto formativo.

    [...]

3. *El centro de formación será el responsable de mantener el **registro de las acciones formativas y de evaluación** de cada persona en formación.*

La evaluación final del módulo se llevará a cabo mediante una prueba final de carácter presencial y global referida al conjunto de las capacidades y criterios de evaluación de dicho módulo.

La prueba de evaluación final de carácter presencial se desarrollará en centros acreditados por la Administración laboral en el correspondiente certificado y cuya duración estará incluida dentro de las horas totales del módulo. Estas pruebas de evaluación final serán elaboradas por los centros y entidades de formación en los que se impartan las acciones formativas y autorizadas por la Administración competente.

3.9. Recursos pedagógicos. Relación de recursos, instalaciones, bibliografía, anexos: características y descripción

El certificado profesional *Habilitación para la docencia en grados A, B y C del Sistema de Formación Profesional* define cuáles son las funciones del docente para la formación de personas adultas:

> Programar, impartir, tutorizar y evaluar acciones formativas del subsistema de Formación Profesional para el Empleo, **elaborando y utilizando materiales, medios y recursos didácticos,** orientando sobre los itinerarios formativos y salidas profesionales que ofrece el mercado laboral en su especialidad, promoviendo de forma permanente la calidad de la formación y la actualización didáctica.

Es decir, como docentes debemos ser capaces de seleccionar y utilizar recursos didácticos facilitadores del aprendizaje, en función de los objetivos, contenidos y modalidades de formación, adaptándolos a las capacidades y necesidades de los destinatarios.

> El **CR3.6.** establece: «El material que se va a utilizar se detalla en un listado, especificando características y cantidades necesarias para el desarrollo de la acción formativa».

En la programación didáctica de una acción formativa de Formación Profesional para el Empleo, se deben tener en cuenta los medios y recursos pedagógicos que apoyarán el proceso de enseñanza-aprendizaje.

Entenderemos por **medio didáctico** cualquier recurso que se prevea emplear en el diseño o desarrollo del proceso de aprendizaje para aproximar o facilitar los contenidos, mediar en las experiencias de aprendizaje, provocar encuentros o situaciones, desarrollar habilidades cognitivas, apoyar sus estrategias metodológicas o facilitar o enriquecer la evaluación. Y entendemos el **recurso pedagógico o didáctico** como el medio didáctico incluido en algún momento de la programación, o bien será tomado como recurso didáctico todo medio didáctico cuando es usado para apoyar la acción de cualquier módulo o unidad de contenido formativa.

Desde la consideración de los medios como materiales curriculares y didácticos la cuestión clave estará en su utilización y su selección con la intención de aplicarlos convenientemente a las distintas situaciones educativas y, también, de aprovechar al máximo todas sus características técnicas y sus posibilidades didácticas: si responden a la concepción que tenemos sobre educar, enseñar, etc.; si responden a nuestros planteamientos didácticos y metodológicos; si permiten la manipulación en función de nuestras necesidades; si ayudan a la realización de proyectos educativos, curriculares, etc.; si permiten adaptar el trabajo a las necesidades educativas y organizativas del centro; si permiten realizar las distintas secuencias de objetivos, contenidos, actividades, evaluación; si predisponen y motivan para trabajar en equipo, individualmente, tanto al alumnado como al profesorado; si permiten organizar actividades de motivación, de aplicación, de síntesis, de refuerzo, de ampliación; si favorecen el aprendizaje significativo, las relaciones interpersonales, el conocimiento de la realidad, la utilización de distintos lenguajes, la colaboración y cooperación. Entonces nos servirán para facilitar el proceso de enseñanza-aprendizaje.

> Los recursos pedagógicos apoyan la labor docente y, además, ayudan al alumnado en su proceso de aprendizaje.

Prácticamente en casi todas las situaciones de enseñanza aparece el empleo de materiales didácticos de todo tipo y en cualquier soporte. La cuestión, por tanto, es enseñar y aprender con y para los medios.

Los materiales didácticos presentados al alumnado deben ser motivadores en sí mismos. Los materiales didácticos son motivadores si facilitan el acceso a los contenidos, si son fáciles de manejar, si dejan claros los objetivos de aprendizaje y si facilitan la conexión entre unidades didácticas. Asimismo, los materiales didácticos deben propiciar la interacción entre los agentes formativos (formadores, coordinadores y alumnos).

Por lo tanto, los diferentes recursos pedagógicos desempeñarán una serie de funciones en el proceso de enseñanza aprendizaje, que son:

- Proporcionar información.
- Guiar a los aprendizajes de los estudiantes e instruir.
- Ejercitar habilidades.
- Motivar (despertar y mantener el interés).
- Evaluar los conocimientos y habilidades que se tienen.

> Debemos seleccionar los recursos en función del objetivo propuesto con la intención de que las actividades dispuestas puedan desarrollarse más fácilmente y en toda su intensidad.

No se trata de aprovechar sea como sea el material que se tenga porque «es muy bueno», sino de buscar el material más idóneo a la actividad que debe realizar el alumnado. También deberemos atender a factores como:

- El grupo: nos fijaremos en el nivel de heterogeneidad u homogeneidad del grupo con el que trabajaremos el recurso didáctico, así como el número de miembros que lo componen, características sociales y educativas, laborales, edad, sexo, etcétera.

- Presupuesto: económico y equipamiento del que disponemos, si suponen un ahorro de recursos (personales, tiempo, espacio), si son viables en términos coste/beneficios.

- Tiempo: valoraremos el tiempo tanto de disponibilidad del recurso como el requerido para su elaboración, e incluso su tiempo de aplicación en el proceso de enseñanza-aprendizaje.

- Características del recurso: contenidos e información que se pretende transmitir, espacio del aula, disponibilidad, exigencias que requiere su uso (electricidad, oscuridad, etcétera).

- Nivel de competencia requerido (conocimientos, habilidades y destrezas que hay que dominar en su uso y funcionamiento).

- Perspectiva de género: contemplar la perspectiva de género y vigilar los posibles elementos discriminatorios.

- Adaptabilidad y accesibilidad para personas con necesidades educativas específicas: el recurso didáctico debe ser útil y funcional en diferentes situaciones y para todo tipo de alumnado. Los recursos deben permitir adaptar las actividades a las necesidades e intereses del alumnado, atendiendo a la diversidad.

- Funcionalidad: deben ser una herramienta de apoyo o ayuda para el aprendizaje, por tanto, deben ser útiles y funcionales. Y, sobre todo, nunca deben sustituir al docente en su tarea de enseñar, ni al alumnado en su proceso de aprender.

En la programación de acciones formativas para el empleo, el equipo docente debe seleccionar los recursos en los que apoyará su acción de intervención. Por ello, el docente debe tener muy claro tanto el tipo de recursos con los que va a contar durante el proceso como su tipología. Los recursos pedagógicos o didácticos pueden ser:

- Personales o humanos: equipo docente, equipo de tutorización, personas expertas, equipo de gestión, etc. Es decir, cualquier persona que vaya a tener un papel durante el transcurso de la acción formativa.

- Materiales: son los recursos físicos en los que se apoya la labor docente. Tradicionalmente se clasifican en:

    a) Materiales convencionales: son los recursos que, tradicionalmente, más se han utilizado en acciones formativas, probablemente debido a su facilidad de uso y relativo bajo coste. Son muy versátiles y adaptables a las características del alumnado, situaciones de aprendizaje y a los contenidos de la formación.

> Ejemplos de este tipo de recursos materiales convencionales son: la pizarra, el retroproyector, el proyector de diapositivas, la fotografía, los visuales directos: pósteres, murales, carteles, la prensa y el material escrito.

b) Materiales audiovisuales: son los recursos que utilizan mensajes sonoros y visuales, de forma separada o conjunta, y que contribuyen a facilitar el proceso de enseñanza-aprendizaje.

> Ejemplos de este tipo de recursos materiales audiovisuales son: la televisión, el vídeo, audio, etcétera.

c) Materiales o medios tecnológicos: son los recursos que se desarrollan a través de las tecnologías de la información y la comunicación.

> Ejemplos: centro virtual de formación, materiales interactivos, realidad virtual, aplicaciones, etcétera.

Por otra parte, como recursos físicos también tendremos que tener en cuenta a la hora de la programación de la acción las **instalaciones** en las que se va a llevar a cabo. Veíamos en la elaboración de la estructura del programa formativo cómo se incluían las instalaciones, teniendo en cuenta tanto el aula convencional en el que se impartirá la parte teórica de la acción como las instalaciones para prácticas y otras instalaciones. La Formación Profesional, esté vinculada a certificación o no, contempla unos requisitos mínimos de instalaciones para acciones formativas que los centros deben cumplir. El real decreto que regula cada certificado especifica las característica del aula.

Por ejemplo, para el certificado HOTR0408 Cocina, se establecen los siguientes requerimientos de espacio para desarrollar los diferentes módulos:

V. REQUISITOS MÍNIMOS DE ESPACIOS E INSTALACIONES Y EQUIPAMIENTO

Espacio Formativo	Superficie m² 15 alumnos	Superficie m² 25 alumnos
Aula de gestión	45	60
Taller de cocina	135	135
Almacén	20	20

Espacio Formativo	M1	M2	M3	M4	M5
Aula de gestión	X	X	X	X	X
Taller de cocina		X	X	X	X
Almacén		X	X	X	

Otro tipo de materiales físicos que se deben tener en cuenta serán las herramientas y el utillaje necesario (herramientas propias de la profesión a la que se refiera la acción formativa), el material fungible (bolígrafos, folios, papelería) y el material didáctico (ya sea tanto el elaborado por el docente como el desarrollado por profesionales externos a la acción formativa), que se van a utilizar durante el proceso de aprendizaje. Como en el caso anterior, el real decreto de desarrollo del certificado ofrece una relación exhaustiva del equipamiento necesario para desarrollar la acción formativa.

Espacio Formativo	Equipamiento
Aula de gestión	- Equipos audiovisuales - PCs instalados en red, cañón de proyección e internet - Software específico de la especialidad - 2 Pizarras para escribir con rotulador - Rotafolios - Material de aula - Mesa y silla para formador - Mesas y sillas para alumnos
Taller de cocina	- 15 Cocinas individuales semiindustriales de aprox. 400 x 600 mm, con dos quemadores para encastrar. - 1 Cocina para el profesor (con 4 quemadores y horno). - 1 Fry top o Plancha (350 x 700 x 850 mm aprox.). - 1 Baño-maría (350 x 600 x 850 mm aprox.). - 1 Gratinadora. - 1 Freidora (de 10 litros aprox.). - 1 Horno combinado con capacidad de 6 bandejas "gastronorm". - 1 Horno microondas. - 2 Tolvas o silos para patatas y cebollas. - 1 Juego de brazos combinados (batidor /triturador). - 1 Mesa de pastelería con la tolvas incorporadas para harinas y azúcar. - 1 Mesa para las demostraciones del profesor. - 8 Batidoras amasadoras (de 4 a 4,5 litros de capacidad). - 1 Exprimidor de cítricos. - 1 Cortadora de fiambres. - 1 Máquina de picar carne. - 1 Tajo para cortar carne. - 1 Abatidor de temperatura.

Al elaborar la programación de la acción formativa, el docente consultará diversos documentos y bibliografía que deberá reflejar en la programación didáctica de la acción. Como ejemplo, las **referencias bibliográficas** se pueden presentar por orden alfabético y mediante el siguiente formato:

a) **Libros:** APELLIDOS del autor, Iniciales del nombre. (Año): *Título del libro*. Ciudad de publicación: Editorial. *Ejemplos:*

CASTAÑO, C. (1983). *Psicología y orientación vocacional*. Madrid: Morava.

ROMERO, S. (1999). *Orientación para la transición de la escuela a la vida activa*. Barcelona: Laertes.

b) **Revistas:** APELLIDOS e iniciales del nombre del autor o autores separados por coma, año de publicación entre paréntesis, punto, título del artículo, punto, nombre de la revista en cursiva, coma, número de la revista (volumen, en su caso), coma y páginas que comprende el trabajo dentro de la revista. *Ejemplos:*

MIRANDA SANTANA, C. y MARTÍN PÉREZ, A. (2009). Del Proyecto ERA a las experiencias de las Comunidades Autónomas: avances en el desarrollo de Sistemas de Reconocimiento, Evaluación y Acreditación de Competencias. *Revista Española de Orientación y Psicopedagogía,* 20 (3), 238250.

DONOSO, T. (2001). Diagnóstico en orientación profesional: controversias para el avance. *Revista de Investigación Educativa*, 19 (2), 453-458.

c) **Capítulo de libro o artículo de enciclopedia:** APELLIDOS del autor, Iniciales del nombre. (Año). Título del capítulo o artículo, en APELLIDOS de autor, editor o coordinador del libro o enciclopedia *Título del libro o la enciclopedia* (páginas que comprende el capítulo o artículo dentro del libro). Ciudad: Editorial. *Ejemplos:*

ÁLVAREZ ROJO, V. y GARCÍA JIMÉNEZ, E. (2002). Orientación del aprendizaje en la enseñanza universitaria. En V. ÁLVAREZ y A. LÁZARO (Eds.), *Calidad de las universidades y orientación universitaria* (pp. 215-247). Archidona (Málaga): Aljibe.

PADILLA CARMONA, M. T. (2009). El diagnóstico en Orientación Profesional: modalidades e instrumentos. En L. M. SOBRADO FERNÁNDEZ y A. CORTÉS PASCUAL (Coords.), *Orientación Profesional. Nuevos escenarios y perspectivas* (pp. 101-118). Madrid: Biblioteca Nueva.

d) **Fuentes de Internet.** La forma más habitual de citar fuentes de Internet es la siguiente: Apellidos, Nombre del autor: Título del trabajo entre comillas. Dirección de internet del documento. Fecha de acceso. Ejemplo:

BOZA, A. y TOSCANO, M. O. (2011). «Buenas prácticas en integración de las TIC en educación en Andalucía: dos estudios de caso». En VI Congreso Virtual de AIDIPE. Recuperado el 22 de marzo de 2011, de: (dirección electrónica que corresponda).

MARTÍNEZ ARIAS, R. (2008). «Usos, aplicaciones y problemas de los modelos de valor añadido en educación». *Revista de Educación,* 348. Recuperado el 27 de enero de 2008, de: (dirección electrónica que corresponda).

Existen otras normas de referenciación bibliográfica como, por ejemplo, la norma ISO 690 de referencias bibliográficas. El docente elegirá, en su caso, la que se ajuste mejor a su trabajo.

Durante la elaboración de la programación se generan una serie de documentos que pueden aportarse mediante la introducción de anexos. Estos documentos pueden haber sido elaborados por el docente o por profesionales externos. En estos apartados se incluirán:

- Cronograma de la acción formativa: temporalización del proceso de enseñanza-aprendizaje.

- Cronograma de una sesión formativa.

- Modelo de control de asistencia del alumnado a la acción formativa.

- Instrumentos de evaluación.

- Documentos referidos a normativa aplicable a la acción formativa (modelos de programación didáctica, modelos de informes de evaluación, modelo de planificación de la evaluación del aprendizaje, modelo de acta de evaluación, modelo de expedición de certificado profesional, etcétera).

3.10. Criterios de evaluación: tipos, momento, instrumentos, ponderaciones

La evaluación resultará una parte del proceso de enseñanza-aprendizaje fundamental en toda programación.

La evaluación de una acción formativa tiene por objeto comprobar los resultados de aprendizaje respecto a los objetivos propuestos y, en consecuencia, si se han adquirido las competencias profesionales necesarias. Para poder comprobarlo, el equipo docente debe establecer unos indicadores o criterios de evaluación para cada etapa del proceso formativo.

La evaluación es un proceso planificado, que no se puede dejar a la improvisación. Es una situación sistemática y debe efectuarse con el mayor rigor técnico, aplicando métodos e instrumentos que garanticen la fiabilidad y validez de su aplicación.

La planificación de la evaluación supone la consideración de:

- Los objetivos específicos y los resultados de aprendizaje que se evalúan (las capacidades y los criterios de evaluación).

- Las dimensiones competenciales implicadas.

- La evidencia que se vaya a requerir (de conocimiento, de desempeño o de producto).

- El instrumento o método de evaluación que se vaya a utilizar.

Una vez analizada la información previa, se establecerán las especificaciones de evaluación que nos proporcionarán respuestas concretas a las siguientes preguntas:

1. ¿Qué se va a evaluar? Esta información la proporcionan los objetivos y los criterios de evaluación.

2. ¿Cómo se evaluar? Es decir, qué métodos e instrumentos se utilizarán.

3.10.1. Criterios de evaluación

> Los criterios de evaluación son las conductas o normas de valoración mediante los cuales se comprueba si existe un logro de resultados de aprendizaje.

Para su establecimiento, el docente debe concretar, de cada contenido, qué competencias debe adquirir y desarrollar el alumnado y en qué grado (lo que tienen que saber, lo que deberían saber y lo que podrían saber los participantes) para establecer un nivel mínimo de aprendizaje. Los criterios de evaluación pueden referirse a cualquier competencia profesional y aprendizaje adquirido en cualquier momento del proceso de aprendizaje, pero será labor del docente concretarlos para una correcta utilización y recogida de datos.

3.10.2. Tipos y momento

La evaluación puede clasificarse en función de diferentes puntos de vista:

Según su finalidad:

- **Evaluación diagnóstica.** Su objetivo es conocer la situación de partida del alumnado en relación con las competencias que se van a trabajar. Se evalúa el **nivel competencial inicial.**

- **Evaluación formativa.** Se realiza a lo largo de todo el proceso, con la finalidad de valorar los progresos del alumnado y detectar carencias para introducir mejoras. Con la información que se obtiene se proporciona retroalimentación al alumnado para que esté informado de su progreso y del grado de consecución de los objetivos.

- **Evaluación sumativa.** Su objetivo es determinar el grado de consecución de los objetivos fijados al final de cada unidad formativa, módulo y/o curso completo. Está relacionada con una **calificación.**

Según el momento:

- **Evaluación inicial.** Se realiza al inicio de la acción (o de un nuevo tema) con la finalidad de conocer al grupo e identificar sus expectativas, conocimientos previos y necesidades. Se tomará como base para adaptar la programación, en la medida de lo posible, al grupo.

- **Evaluación continua.** Se lleva a cabo a lo largo de todo el proceso; su propósito es identificar desviaciones con respecto a la programación para implementar los cambios necesarios.

- **Evaluación final.** Se corresponde con la **evaluación sumativa**; es la que tiene lugar al final de la acción formativa.

Figura 3.5. Tipos de evaluación según el momento.

En función de quién evalúa (agente):

- **Autoevaluación:** el alumnado (o el docente) se evalúa a sí mismo.

- **Heteroevaluación:** los agentes evaluadores se evalúan entre (docente-alumnado/alumnado-docente).

- **Coevaluación:** el proceso de valoración se realiza entre pares (alumnado-alumnado/docente-docente).

3.10.3. Instrumentos

Los instrumentos de evaluación hacen referencia a cualquier tipo de prueba que se realiza con la finalidad de medir resultados de aprendizaje en un proceso formativo. Al realizar una labor tan importante, deben tener una serie de características necesarias para establecer una calidad y para cumplir su misión. Estas características son:

- Fiabilidad: no depende ni del agente evaluador ni del sujeto; es decir, produce los mismos resultados sobre diferentes grupos.

- Validez: grado de precisión con el que una prueba mide lo que pretende medir. Para que una prueba sea válida, ha de ser fiable. Una prueba puede ser fiable sin ser válida.

- Objetividad: las puntuaciones no dependen del juicio del agente evaluador. Si una prueba no es objetiva, es muy difícil que pueda ser fiable.

- Dificultad: puede ser superada por algo más de la mitad del grupo.

- Discriminación: proporciona información acerca de los niveles de rendimiento de los alumnos.

- Adecuación: tanto a los contenidos del MF o UF como al tiempo de duración.

- Practicidad: la prueba debe ser eficaz, práctica y funcional. Estas características se refieren al tiempo empleado en su elaboración, costo, facilidad en la corrección y puntuación.

Una vez que se haya seleccionado o creado el instrumento de evaluación, hay que describirlo, expresando claramente lo que se propone conseguir, mediante qué actividades y/o productos, y las instrucciones para su desarrollo.

Los instrumentos de evaluación más utilizados en formación se expondrán a continuación.

Instrumentos para evaluar conocimientos

Son las técnicas e instrumentos que tratan principalmente de comprobar la adquisición de competencias de la dimensión de conocimientos (saber) y competencias de la dimensión de las destrezas y habilidades (saber hacer). Entre las más conocidas están:

- Pruebas objetivas. Están integradas por un número determinado de preguntas que tienen una **respuesta o valoración previamente fijada.**

Algunos de los tipos de ítems (o preguntas) que se pueden utilizar son:

— Respuesta breve: se contestan con una o pocas palabras en concreto, una definición, un teorema, etcétera.

— Completar: se trata de frases incompletas, en las que es necesario incluir las palabras que faltan para que adquieran sentido.

— Selección: la persona evaluada debe elegir, en una relación de opciones, entre una o varias respuestas correctas.

— Doble alternativa: se selecciona entre dos alternativas, en las que únicamente una es la correcta.

— Relación de pares: los elementos de dos (o más columnas) deben relacionarse entre sí.

— Ordenamiento: consiste en ordenar determinados elementos en función de un criterio (cronológico, de importancia, de peso, etcétera).

- Pruebas subjetivas:

  Requieren una elaboración mayor o poner en marcha determinadas destrezas prácticas.

  — **Preguntas abiertas.** Consisten en el enunciado de un tema que el alumnado debe desarrollar o resolver. Su corrección es mucho más compleja, dado que intervienen diversos factores, como las competencias de comunicación escrita, la capacidad de organización de las ideas e, incluso, el punto de vista (subjetivo) del docente.

  En cualquier caso, es conveniente elaborar previamente un modelo de corrección que incluya los criterios que se van a aplicar.

  — **Resolución de casos.** Consiste en presentar al alumnado una serie de datos junto con una serie de ítems relacionados en función de los que se debe realizar el análisis del caso.

Instrumentos para evaluar competencias procedimentales

La evaluación mediante pruebas prácticas consiste en la realización, por parte del alumnado, de un conjunto de ejercicios que simulen total o parcialmente una situación real.

Las características de este tipo de pruebas son las siguientes:

- A la hora de diseñarla, se deben incluir todos los pasos necesarios para desarrollarla.

- Está centrada en criterios de evaluación formulados en términos operativos.

- Se orienta hacia problemas que hay que resolver o proyectos que se deben desarrollar, y puede exigir la puesta en práctica de varios conocimientos y destrezas.

- Imita las condiciones en las que se deben realizar las acciones profesionales (es decir, recursos y limitaciones).

- El resultado que se pretende alcanzar con la realización de la prueba ha de ser observable.

- Permite valorar el proceso y los resultados.

Para evaluar el rendimiento de alumnado al realizar la prueba práctica, es posible utilizar diferentes instrumentos:

- **Escalas de calificación**. Estas escalas consisten en ítems (criterios) sobre los aspectos que se evalúan, junto con una escala de opciones graduadas en intensidad.

  Es posible utilizar diferentes tipos de escalas:

  — **Numéricas** (por ejemplo, del 1 al 5).

  — **Gráficas**: permiten obtener un dibujo representativo de la valoración de cada uno de los criterios.

	No se aplica	Insuficiente	Suficiente	Excelente
CR 1	●			
CR 2		●		
CR 3	●			
CR 4				●
CR 5			●	

  — **Descriptivas:** a ambos lados de la escala se sitúan los conceptos (opuestos) sobre los que se van a obtener datos.

	1	2	3	4	
No ejecuta el corte con la calidad requerida	x				Ejecuta el corte con la calidad requerida
No limpia la superficie de corte			x		Limpia la superficie de corte

Otra posibilidad de elaborar una escala descriptiva consiste en incluir una **descripción cualitativa** del criterio que se está evaluando:

CRITERIO	DEFINICIÓN	NIVEL 4 (MÁS ALTO)	NIVEL 3	NIVEL 2	NIVEL 1
ATENCIÓN AL CLIENTE	Capacidad para atender al cliente, resolviendo sus dudas (técnicas, formas de pago) y/o reclamaciones.	Se comunica con el cliente, resolviendo sus dudas y afrontando situaciones conflictivas y aportando la solución a las mismas satisfactoriamente.	Se comunica con el cliente resolviendo sus dudas o reclamaciones sencillas.	Se comunica con el cliente, resolviendo determinadas dudas y registrando las incidencias o derivando al departamento adecuado.	Se comunica adecuadamente con el cliente, derivando a otro departamento si se precisa.
CONOCIMIENTO DEL PRODUCTO	Conocimiento del catálogo de productos y servicios de la empresa.	Amplio conocimiento del catálogo de productos, siendo capaz de ofrecer al cliente la solución adecuada a las necesidades.	Amplio conocimiento del catálogo de productos, siendo capaz de ofrecer al cliente una solución mejorada al cliente en función de su demanda.	Conoce el catálogo de productos, y ofrece soluciones genéricas al cliente en función de su petición.	Tiene un conocimiento del producto mínimo, respondiendo únicamente a demandas explícitas del cliente.
TÉCNICAS DE VENTA	Capacidad de crear la necesidad al cliente de adquirir un producto o servicio, cerrando la venta de forma adecuada (adecuación producto/ necesidad)	Es capaz de anticipar las necesidades del cliente y ofrecerle el producto adecuado. Busca establecer una relación a largo plazo con el mismo.	Identifica correctamente las necesidades del cliente, aportándole soluciones a MEDIDA a sus demandas (explícitas o implícitas).	Identifica correctamente las necesidades del cliente, aportándole soluciones a MEDIDA a sus demandas explícitas	Actúa a partir de las demandas del cliente, ofreciendo soluciones estándar.

Siempre que se utilice una escala, hay que definir cuál es el nivel de corte para cada criterio.

- **Listas de cotejo.** Se utilizan para evaluar tareas que pueden ser divididas en subtareas o actividades específicas y claramente definidas.

ACTIVIDAD: Dado un plano constructivo de construcción metálica, en el que no se incluyen especificaciones referentes de soldeo y con una exigencia de calidad determinada:		
C1. Establecer la secuencia de soldeo más adecuada según requerimientos de la fabricación a realizar.	**Sí**	**No**
C2. Identificar los equipos, útiles, herramientas y materiales necesarios.	**Sí**	**No**
C3. Definir los controles de calidad necesarios.	**Sí**	**No**

Instrumentos para evaluar competencias actitudinales

Son las pruebas que nos permitirán valorar las adquisiciones, por parte del alumno, de las diferentes competencias de la dimensión de habilidades personales y sociales que forman parte de las competencias profesionales requeridas por la cualificación profesional. Es decir, valoran las actitudes adquiridas y desarrolladas por los alumnos/as a través del proceso formativo. Las más utilizadas son:

- La **observación sistemática**: se trata de un tipo de observación diseñada y controlada previamente por el docente, con el fin de recoger información acerca de comportamientos y actitudes del alumnado, tanto en situaciones concretas como a lo largo del proceso de aprendizaje. La recogida de información sistematizada y controlada permite cuantificar los resultados, por lo que resultará más fácil la evaluación de competencias profesionales actitudinales.

- **Entrevistas personales o grupales:** la entrevista es una técnica de recogida de datos, que pueden ser actitudinales o comportamentales, diseñándola previamente para este fin.

- **Lista de control:** será un instrumento propio en el que se explicitarán los aspectos que desea evaluar (criterios de evaluación) respecto a las actitudes del alumnado.

- **Registro de hechos significativos/incidentes críticos:** consistirá en una especie de diario llevado por el docente en el que anotará los sucesos significativos en relación con el comportamiento del alumno/a y que pudiera incidir (de manera negativa o positiva) en su evaluación.

El docente tendrá que valorar la utilización de uno u otro instrumento de evaluación en función de las características del grupo, los objetivos propuestos en la programación, los criterios de evaluación establecidos, la metodología utilizada durante el proceso formativo y las propias características de la materia.

3.10.4. Ponderaciones

A la hora de programar la evaluación de la unidad formativa y, de forma global, la de un módulo, hay que tener en cuenta que no todas las pruebas de evaluación que se apliquen tienen que «pesar» lo mismo.

Esto quiere decir que hay asignar a cada prueba que se aplique un valor numérico, que estará relacionado con la importancia del criterio que se esté evaluando.

Ejemplo:

Supongamos que estamos impartiendo una unidad formativa relacionada con el uso del programa Word. Las pruebas que establecemos son las siguientes (en cada una se señala el porcentaje que aporta a la calificación final):

- **Prueba A: 10 %.** Identificar las herramientas básicas de Word (test selección múltiple).

- **Prueba B: 10 %.** En un entorno que simula el entorno de trabajo Word, realizar una serie de interacciones para crear un documento, guardar el documento, introducir texto, dar formato, etcétera.

- **Prueba C: 35 %.** Prueba práctica. Reproducir un texto dado incluyendo el título, subtítulo, formato de párrafos.

- **Prueba D: 45 %.** Prueba práctica. Añadir, en el texto de la prueba anterior, una tabla y una imagen.

Por tanto, la nota final será el resultado de:

$$A*0,1+B*0,1+C*0,35+D*0,45$$

Por ello, en el momento de establecer criterios de evaluación, deberá tenerse en cuenta esta ponderación a la hora de la recogida de información para la evaluación final del módulo formativo.

Las calificaciones de la unidad formativa, figurarán en el acta de evaluación y reflejarán calificaciones finales obtenidas en términos de «no apto» o «apto», con las siguientes valoraciones:

«Apto» (Suficiente): si la puntuación final del módulo es de 5 a 6,9.

«Apto» (Notable): si la puntuación final es de 7 a 8,9.

«Apto» (Sobresaliente): si la puntuación final es de 9 a 10.

3.11. Observaciones para la revisión, actualización y mejora de la programación

El diseño formativo o programación didáctica de una unidad formativa, un módulo, un certificado completo o cualquier otra acción formativa debe ser un documento vivo y sujeto a constantes revisiones y actualizaciones.

Para implementar un proceso de **mejora continua** en los diseños formativos podemos tomar como referente alguna de las metodologías relacionadas con la gestión de proyectos. Uno de los métodos más adecuados en este caso es el método ADDIE.

- **A:** Análisis
- **D:** Diseño
- **D:** Desarrollo
- **I:** Implementación
- **E:** Evaluación

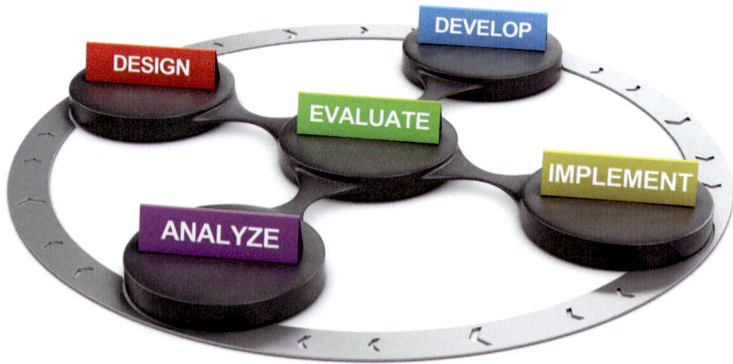

Figura 3.6. Método ADDIE.

Esta metodología facilita tanto el proceso de diseño como la implementación de mejoras. La evaluación está en el centro, lo que significa que vamos a recoger información de todas las fases para implementar las mejoras necesarias.

Las tareas propias de cada fase son las siguientes:

- **Análisis:** este es el punto de partida. Analizamos al alumnado, el entorno, las necesidades de cualificación, etc., en definitiva, todas las variables que se deben tener en cuenta a la hora de diseñar la programación.

- **Diseño:** llega el momento de decidir cómo será la formación que se va a desarrollar. Este paso se centra en identificar los objetivos de aprendizaje, los contenidos, las estrategias, la modalidad, los recursos, etcétera.

- **Desarrollo:** en este punto se desarrolla la programación propiamente dicha; se elabora el documento desarrollando todos y cada uno de los apartados.

- **Implementación:** llega el momento de impartir la formación programada. En la medida de lo posible, se harán todos los ajustes necesarios para que se adapte al grupo.

- **Evaluación:** aunque aparezca en el último punto del proceso, la evaluación es continua, con el fin de detectar a tiempo posibles fallos e implementar mejoras.

IDEAS CLAVE

- La Ley Orgánica 3/2022, de 31 de marzo, de ordenación e integración de la Formación Profesional define competencia profesional como «el conjunto de conocimientos y destrezas que permiten el ejercicio de la actividad profesional conforme a las exigencias de la producción y el empleo».

- Las competencias se agrupan en las dimensiones competenciales: conocimientos, destrezas y habilidades personales o sociales.

- La programación didáctica de una acción formativa concreta el proceso de adquisición de conocimientos, procedimientos y competencias personales y profesionales del participante.

- Los objetivos didácticos hacen referencia a los logros que debe alcanzar el alumnado con su participación en la acción formativa. Son el punto central de referencia y dan coherencia al plan de acción. Se deben redactar siguiendo los criterios SMART.

- Los contenidos:

  — Teóricos: hacen referencia a conocimientos, teorías e investigaciones.

  — Prácticos relacionados con la adquisición de destrezas y habilidades propias de la profesión (reglas, procedimientos y estrategias).

  — Además, pueden ser conceptuales, procedimentales y actitudinales

- El concepto de secuenciación se puede definir como la idea de una serie lineal de diversos contenidos, que mantienen entre sí una ordenación específica y una coherencia interna consiguiendo un determinado efecto en su realización práctica.

- Las actividades ayudarán a afianzar conceptos y apoyar el desarrollo de habilidades. Contribuyen a la consecución de objetivos y, consecuentemente, al desarrollo de las competencias asociadas a la unidad o acción formativa.

- Por estrategias metodológicas entendemos las acciones y/o actividades que se van a realizar, los métodos didácticos y los medios que se requieren. Se clasifican desde diferentes puntos de vista y su variedad es necesaria para atender a los diferentes estilos de aprendizaje del alumnado.

- Los recursos pedagógicos se deben seleccionar en función del objetivo propuesto con la intención de que las actividades dispuestas puedan desarrollarse más fácilmente y en toda su intensidad.

- La evaluación de la acción formativa tiene por objeto comprobar los resultados de aprendizaje respecto a los objetivos propuestos y, en consecuencia, si se han adquirido las competencias profesionales necesarias.

- La programación didáctica debe estar sometida a un proceso de evaluación continua con el objetivo de introducir mejoras en el proceso.

MAPA CONCEPTUAL

ELABORACIÓN DE LA PROGRAMACIÓN DIDÁCTICA DE UNA ACCIÓN FORMATIVA EN FORMACIÓN PARA EL EMPLEO

La formación por competencias

Características generales de la programación de acciones formativas

Los objetivos: definición, funciones, clasificación, formulación y normas de redacción

- Definición
- Funciones
- Clasificación de los objetivos
- Formulación
- Normas de redacción

Los contenidos formativos: conceptuales, procedimentales y actitudinales. Normas de redacción. Funciones. Relación con los objetivos y la modalidad de formación

- Conceptuales, procedimentales y actitudinales
- Normas de redacción
- Normas de redacción
- Relación con los objetivos y la modalidad de formación

Secuenciación. Actualización y aplicabilidad

- Actualización y aplicabilidad

Las actividades: tipología, estructura, criterios de redacción y relación con los contenidos. Dinámicas de trabajo en grupo

- Tipología
- Criterios de redacción de las actividades

Metodología: métodos y técnicas didácticas

- Estructura
- Relación con los contenidos
- Dinámicas de trabajo en grupo

Características metodológicas de las modalidades de impartición de los certificados profesionales

- Modalidad de impartición presencial
- Modalidad de impartición teleformación (e-learning)

Recursos pedagógicos. Relación de recursos, instalaciones, bibliografía, anexos: características y descripción

- Criterios de evaluación
- Tipos y momento
- Instrumentos
- Ponderaciones

Criterios de evaluación: tipos, momento, instrumentos, ponderaciones

Observaciones para la revisión, actualización y mejora de la programación

ACTIVIDADES DE AUTOEVALUACIÓN

3.1. Completa las siguientes definiciones (LO, 3/2022):

    a) _____: el conjunto de conocimientos y destrezas que permiten el ejercicio de la actividad profesional conforme a las exigencias de la producción y el empleo. Las competencias profesionales se recogen en los estándares de competencia profesional, que servirán para el diseño de cualquier oferta de Formación Profesional.

    b) _____: la competencia para el desempeño de una actividad profesional acreditada oficialmente por títulos, certificados o acreditaciones.

3.2. ¿Qué dimensión de la competencia se evalúa cuando se considera la actitud positiva hacia la resolución de problemas?

    a) Conocimientos.

    b) Destrezas.

    c) Actitudes o habilidades sociales.

    d) Habilidades técnicas.

3.3. ¿Cuál debe ser el enfoque principal de la programación didáctica?

    a) El profesorado.

    b) El alumnado.

    c) El contenido.

    d) La infraestructura.

3.4. ¿Qué implica que los objetivos de formación sean SMART?

    a) Que sean específicos, medibles, alcanzables, relevantes y temporalizados.

    b) Que sean simples, manejables, adaptables, realistas y técnicos.

    c) Que sean subjetivos, motivacionales, abstractos, realistas y temporales.

    d) Que sean estratégicos, medibles, adaptables, realistas y técnicos.

3.5. ¿Cuáles de los siguientes objetivos operativos están mal redactados:

a) Familiarizarse con las fases de la elaboración de una programación didácticas teniendo en cuenta todos sus elementos.

b) Programar una unidad formativa teniendo en cuenta todos los elementos que la integran.

c) Aprender inglés en tres semanas.

d) Sensibilizar acerca de la necesidad de tener en cuenta los riesgos asociados al puesto de trabajo.

3.6. Completa el siguiente texto que hace referencia a la tipología de los diferentes contenidos:

a) Los contenidos _____ más característicos son las normas de acción, las técnicas y los criterios.

b) Proporcionan las bases para sustentar las distintas destrezas y habilidades implicadas en las competencias profesionales. Son los contenidos _____.

c) Serán los contenidos de adquisición necesaria para el desarrollo personal y profesional de la persona en un ámbito social. Son los contenidos _____.

3.7. ¿Cuál de los siguientes es un ejemplo del método analógico?

a) Explicar las leyes de la física a través de experimentos de laboratorio.

b) Explicar el funcionamiento del corazón comparándolo con una bomba.

c) Desarrollar una teoría matemática a partir de ejemplos específicos.

d) Aplicar una fórmula matemática a diferentes problemas.

3.8. *Selecciona las respuestas correctas.* En formación virtual:

a) La evaluación final del módulo se llevará a cabo mediante una prueba final de carácter presencial y global referida al conjunto de las capacidades y criterios de evaluación de dicho módulo.

b) Las tutorías presenciales se realizan durante el periodo de realización del módulo formativo correspondiente.

c) Las tutorías virtuales deben responder a las consultas realizadas en un plazo no superior a 24 horas laborables.

3.9. Completa el siguiente texto relativo a la evaluación:

a) **Evaluación sumativa.** Su objetivo es determinar el grado de consecución de los objetivos fijados al final de cada unidad formativa, módulo y/o curso completo. Está relacionada con una _____.

b) **Evaluación diagnóstica.** Su objetivo es conocer la situación de partida del alumnado en relación con las competencias que se van a trabajar. Se evalúa el _____.

c) **Evaluación formativa.** Se realiza a lo largo de todo el proceso, con la finalidad de valorar los progresos del alumnado y detectar carencias para introducir mejoras. Con la información que se obtiene se proporciona retroalimentación al alumnado para que esté informado de su progreso y del _____.

3.10. Para implementar un proceso de **mejora continua** en los diseños formativos, podemos tomar como referente alguna de las metodologías relacionadas con la gestión de proyectos. Uno de los métodos es...

a) VARCS.

b) SCRUM

c) PMP

d) ADDIE.

CASO PRÁCTICO 3.1

Realiza la planificación didáctica de uno de los módulos del certificado profesional que elijas.

(Cualquier modalidad de impartición de módulos con unidades formativas)

CERTIFICADO DE PROFESIONALIDAD: _____ *(Código y denominación)* _____
DURACIÓN DEL CERTIFICADO: ___ *(horas)* ___   **FECHAS DE IMPARTICIÓN:** 00/00/00 - 00/00/00
CENTRO DE FORMACIÓN: _____
DIRECCIÓN: _____   **LOCALIDAD:** _____   **PROVINCIA:** _____

PROGRAMACIÓN DIDÁCTICA DEL MÓDULO *(con unidades formativas)*

IDENTIFICACIÓN DEL MÓDULO: _____ *(Código y denominación del módulo)* _____ **HORAS:** _____
Objetivo general del módulo: _____

UNIDAD FORMATIVA		*(Código y denominación de la unidad formativa)*	Horas	
Objetivos específicos Logro de los resultados de aprendizaje expresados en las capacidades y criterios de evaluación[1]	**Contenidos[2]**	**Estrategias metodológicas, actividades de aprendizaje y recursos didácticos[3]**	**Espacios, instalaciones y equipamiento[4]**	
C1: .... *(Denominación de la capacidad)* .... CE 1.1...*(Denominación del criterio de evaluación)* .... CE 1.2.. *(Denominación del criterio de evaluación)* .... C2: .... *(Denominación de la capacidad)* .... CE 2.1........ *(Denominación del criterio de evaluación)* .... CE 2.2........ *(Denominación del criterio de evaluación)*				

Elaborar esta programación para cada una de las Unidades Formativas que componen el módulo.

¿Te atreves a realizar la planificación de un curso completo?

Modalidad presencial

CERTIFICADO DE PROFESIONALIDAD: _____ *(Código y denominación)* _____
DURACIÓN DEL CERTIFICADO: ___ *(horas)* ___   **FECHAS DE IMPARTICIÓN:** 00/00/00 - 00/00/00
CENTRO DE FORMACIÓN: _____
DIRECCIÓN: _____   **LOCALIDAD:** _____   **PROVINCIA:** _____

PLANIFICACIÓN DIDÁCTICA DEL CURSO COMPLETO

MÓDULOS DEL CERTIFICADO	HORAS DEL MÓDULO	UNIDADES FORMATIVAS (UF)	HORAS UF	FECHAS DE IMPARTICIÓN[1]
(Código y denominación del módulo con unidades formativas)		*(Código y denominación de la unidad formativa)*		00/00/00 - 00/00/00
		(Código y denominación de la unidad formativa)		00/00/00 - 00/00/00
(Código y denominación del módulo sin unidades formativas)		————	————	00/00/00 - 00/00/00

HORARIO:	MAÑANA		TARDE	

Módulo de formación práctica en centros de trabajo	HORAS DEL MÓDULO	FECHAS DE REALIZACIÓN	
(Código y denominación del módulo de formación práctica en centros de trabajo)		00/00/00 - 00/00/00	

CASO PRÁCTICO 3.2

Para una de las unidades formativas de tu certificado de referencia:

- Redacta el objetivo general, los objetivos específicos y los operativos.
- Selecciona los contenidos. Temporaliza estos contenidos.
- Diseña, a grandes rasgos, las actividades que vas a realizar para impartir la formación asociada.
- Especifica qué recursos humanos y medios didácticos son necesarios para impartir la formación.
- Indica cómo vas a realizar la evaluación.

4. Elaboración de la programación temporalizada de la acción formativa

Contenido

Objetivos

Objetivo general

Elaborar la programación temporalizada del desarrollo
de las unidades didácticas programadas, secuenciar contenidos
y actividades.

Objetivos operativos

4.1. Distribuir, esquemáticamente, los contenidos y
actividades programadas en función de la duración
y horario de la acción formativa.

4.2. Realizar un supuesto práctico de preparación
de una temporalización secuenciada de la programación
didáctica de la acción formativa.

Una vez elaborada y desarrollada la programación general de la acción formativa, llega el momento de concretar mediante la temporalización del proceso de enseñanza-aprendizaje, la labor del docente. Será necesario realizar dicho aumento en el nivel de concreción, debido a que en toda acción formativa es fundamental atenerse a una temporalización previamente establecida, a fin de garantizar el cumplimiento de los objetivos de la misma. La concreción se realizará mediante el diseño de unidades didácticas.

4.1. La temporalización diaria

La temporalización diaria de la programación de acciones formativas para el empleo constituye una labor docente de concreción de la programación formativa. La programación formativa, por lo tanto, será desarrollada por los docentes mediante el establecimiento de unidades didácticas, entendidas estas como unidades de programación de enseñanza en un tiempo determinado. La unidad didáctica será la intervención de todos los elementos que intervienen en el proceso de enseñanza aprendizaje con una coherencia metodológica interna y por un periodo de tiempo determinado.

Para desarrollar la temporalización diaria de una acción formativa, primero debemos señalar ciertas características.

4.1.1. Características: organización, flexibilidad y contenido

Las acciones formativas de Formación Profesional para el Empleo observan ciertas características:

- La formación está estructurada en módulos formativos y unidades formativas. La normativa nos dice que el Servicio Público de Empleo Estatal con carácter general, siempre que proceda, subdividirá para su impartición los módulos formativos incluidos en los certificados profesionales que superen las noventa horas, en unidades formativas de menor duración que, en todo caso, no podrán ser inferiores a treinta horas de duración. Con carácter general, el número máximo de unidades formativas en que se podrá subdividir cada módulo no será superior a tres. La subdivisión de los módulos formativos en unidades formativas tendrá en cuenta las propuestas acordadas por las Comisiones Paritarias Sectoriales para sus planes de referencia, así como los trabajos avanzados por las comunidades autónomas (RD 34/2008).

- En la modalidad de teleformación, para organizar la formación se considerará que en un mes natural se puedan realizar como mínimo cincuenta horas de formación del certificado profesional y como máximo ciento veinte horas. (Orden ESS /1897/2013).

- La duración de los módulos formativos y unidades formativas que constituyan una acción formativa vinculada a certificación profesional viene dada en el correspondiente real decreto que regule el certificado.

- La duración total de una acción formativa no puede ser inferior a seis horas. Cuando se trate de formación de carácter transversal en las siguientes áreas prioritarias, las empresas podrán desarrollar módulos formativos con una duración mínima de cuatro horas.

- Las personas participantes en una acción formativa no podrán recibir más de ocho horas de formación diaria.

Estructurada la acción formativa en MF, UF o sesiones formativas, pasaremos a distribuir el tiempo necesario para su desarrollo. Esta distribución se basa en determinar la cantidad de horas necesarias para la formación de cada MF, UF o sesión, tras considerar ciertos parámetros como: nivel de dificultad de la materia; importancia en la evaluación del MF, UF o sesión; contenidos que se van a desarrollar; características personales del grupo; concordancia teoría práctica, y otros parámetros.

Tras estas características organizativas, observaremos ciertos criterios para programar diariamente una acción formativa. Estos serán:

- Se deben tener en cuenta las características del grupo (ideas previas y diversidad).

- Tras haber identificado las características del grupo, establecer los objetivos y resultados del aprendizaje que se pretende lograr.

- Organizar la acción formativa estableciendo una secuencia de aprendizaje que siga el orden lógico de aprendizaje (objetivo que se pretende lograr-contenido que se va a trabajar).

- Programar la acción siguiendo la secuencia lógica de aprendizaje (objetivo/contenido/actividad). Por cada objetivo que queremos alcanzar existirá uno o más contenidos que se van a desarrollar, mediante una o varia metodologías que trabajar para su consecución.

- Temporalizar la acción formativa: dividiremos la acción formativa en MF, UF y sesiones formativas. Las sesiones formativas son el nivel más bajo de concreción, respondiendo a sesiones diarias. Se recomienda que, en formación para el empleo, no supere las cinco horas diarias. Para programar una sesión se deben seleccionar todos los elementos que componen una programación formativa (objetivos, contenidos, actividades, metodología, recursos, temporalización y evaluación) pensando en una acción para un día. Se recomienda que el docente elabore una ficha para cada sesión, en la que refleje:

— Objetivos que pretende conseguir mediante la sesión: normalmente son los objetivos específicos correspondientemente programados para ese momento de proceso de aprendizaje, y ya reflejados en la programación didáctica.

— Criterios de evaluación.

— Contenidos que se van a desarrollar concretamente para lograr el objetivo de la sesión y contenidos transversales.

— Metodología utilizada, especificando los métodos y técnicas utilizadas y la atención a la diversidad.

— Espacios y recursos utilizados durante la impartición de la sesión.

— Procedimientos de evaluación e instrumentos de evaluación utilizados.

A continuación, desarrollamos una propuesta de ficha de control para una sesión de acción formativa:

Módulo formativo: Número de sesión:

OBJETIVOS	CRITERIOS DE EVALUACIÓN
Objetivo general del módulo	C1
Objetivos específicos de sesión	C2

CONTENIDOS	METODOLOGÍA
CONTENIDOS TRANSVERSALES	ATENCIÓN A LA DIVERSIDAD

ESPACIOS Y RECURSOS

PROCEDIMIENTOS DE EVALUACIÓN	INSTRUMENTOS DE EVALUACIÓN

- Evaluar la sesión y reflexionar sobre la puesta en práctica de la programación diaria o de sesión formativa. Gracias a su carácter dinámico, flexible y abierto, tendrá cabida la reelaboración para adaptarse a tiempos, características de las personas y de los contenidos y objetivos, adecuación de la metodología y mejora integral del proceso de aprendizaje.

Por su parte, las unidades didácticas presentan las siguientes características:

- Son instrumentos operativos para la labor diaria del docente, puesto que son instrumentos que aportan organización y planificación al proceso de enseñanza. Asimismo, son muy útiles para fomentar la motivación del alumnado, debido a que explicitan tanto los objetivos que se pretenden lograr como la metodología que se va a utilizar, las actividades que se van a trabajar, los recursos de los que se dispondrá y el modo de evaluación de su proceso de adquisición de conocimientos.

- Son flexibles y adaptables a las diversas situaciones del proceso de enseñanza-aprendizaje (características de los alumnos, de los contenidos y la metodología utilizada, de los recursos disponibles y de la temporalización).

- Su construcción pasa por distintas etapas o fases: fase de diagnóstico, fase de diseño, fase de ejecución y fase de evaluación.

- Cuentan con una estructura básica:

  — Introducción.

  — Objetivo didáctico: define lo que se pretende conseguir en cuanto a conocimientos que los alumnos/as deben adquirir (contenidos).

  — Objetivo referencial: desarrollan los anteriores, refiriéndose a contenidos de determinados tipos: conceptuales, procedimentales y aptitudinales. Son evaluables directamente.

  — Contenidos: se explicitan los contenidos conceptuales, procedimentales y aptitudinales que se vayan a trabajar en el momento de enseñanza al que se refiere la unidad didáctica.

  — Actividades de enseñanza-aprendizaje: se explicitan las actividades que se van a trabajar en el momento educativo, de manera secuenciada.

  — Recursos materiales: tanto materiales como humanos que se vayan a utilizar durante el momento de enseñanza al que se refiere la unidad didáctica.

— Temporalización: se deben organizar tanto los tiempos como los espacios físicos necesarios en el proceso de formación.

— Evaluación: se establecerán unos criterios de evaluación que indiquen tanto el tipo como el grado de adquisición de aprendizaje que deben lograr todos los alumnos. Se especificarán en este apartado tanto las actividades que nos van a permitir evaluar el proceso como los medios para la evaluación y autoevaluación del alumnado.

— Bibliografía y anexos: por ejemplo, guías del alumnado y del docente.

Algunos autores afirman la importancia de desarrollar una estructura diferenciada para las unidades didácticas que se van a presentar a los alumnos. Así, Carnicer y Lama presentan una estructura tal que:

• Introducción: en la que se presenta a los alumnos el problema a abordar con referencias que se va a cómo se trabajó en la historia y que termina con un resumen de los contenidos más importantes que se van a trabajar.

• Actividades de aprendizaje y evaluación secuenciadas que se van a realizar con las presentaciones necesarias para que el alumno sepa en cada momento cuál es el sentido de la tarea que se aborda dentro del planteamiento y solución de la situación problemática.

• Por último, al terminar la unidad didáctica se presentarán a los alumnos y alumnas los criterios de evaluación traducidos a un lenguaje que puedan comprender y estructurados en una ficha de evaluación y las actividades de evaluación global y de recuperación de la unidad didáctica. (Carnicer y Lama, 1994).

4.1.2. Estructura de una sesión formativa

Proponemos, a continuación la siguiente estructura de una sesión formativa (Oriol Amat, 2000):

1. PRESENTACIÓN (cuando se trata de la primera sesión):

— Agradecimientos, si procede, a las personas o instituciones que han hecho posible la organización de la acción de formación.

— Presentación del docente.

— Presentación de los/as alumnos/as.

2. INTRODUCCIÓN Y OBJETIVOS (del programa de formación si se trata de una primera sesión y de la sesión si se trata de posteriores)

— Presentación del programa y de la sesión.

— Si procede, hacer algún comentario, broma corta o anécdota para relajar el ambiente y atraer la atención; especialmente si se trata de la primera sesión.

— Objetivos globales y específicos de la sesión.

3. CONCEPTOS PRINCIPALES Y SECUNDARIOS DE LA SESIÓN (desarrollo del tema)

— Enunciar claramente cada uno de los temas a medida que se vayan introduciendo y las distintas visiones sobre cada uno de ellos.

— Anotar previamente un guion (en la pizarra) de los puntos que se van a tratar en la sesión.

4. INTEGRACIÓN Y CONCLUSIÓN DE LA SESIÓN

— Anunciar que la sesión ya está terminando.

— Resumir los principales temas o conceptos introducidos en la sesión y de las conclusiones alcanzadas. Principales aprendizajes de la sesión relacionándolos con los objetivos preestablecidos.

— Si no es la última sesión, presentar de forma breve los objetivos y/o contenidos de la próxima sesión.

En las sesiones que se desarrollan a continuación se han de tener en cuenta las siguientes consideraciones:

— Revisión de la sesión anterior:

  - Recordar las conclusiones finales a las que se llegaron.

  - Preguntas, dudas o ampliaciones sobre dicha sesión.

En la última sesión de un módulo o curso es conveniente dedicar un espacio de tiempo a:

• Recordar los objetivos del módulo o curso.

• Integrar lo que se ha hecho durante el módulo o curso: poner de manifiesto aquello que se ha aprendido durante el mismo, relacionándolo con los objetivos.

• Resumir lo que se ha dicho en esta última sesión.

- Si procede, anécdota o comentario para finalizar de forma amena. En este caso, también puede ser conveniente formular agradecimientos a los/as alumnos/as y a las personas o instituciones que han colaborado en la realización de la acción de formación.

- Agradecer la asistencia y participación del alumnado y ponerse a disposición de ellos/as para ampliar cualquier tema tratado en el programa. Es conveniente dejarles una dirección de correo electrónico, por ejemplo.

- Dejar un tiempo para evaluar el programa, participantes y al docente: mediante cuestionario preparado a tal efecto, por ejemplo.

4.2. Secuenciación de contenidos y concreción de actividades

Como explicábamos en capítulos anteriores, los contenidos formativos conformarán un conjunto de conocimientos que harán referencia tanto a lo que se pretende enseñar por parte del docente como a lo que el alumnado debe aprender durante la acción formativa, en vista a desarrollar y mejorar su desempeño profesional. Los contenidos formativos proporcionarán una información que el alumnado utilizará para construir su propio proceso de aprendizaje. Configurarán la base sobre la que se asentarán y programarán las distintas acciones y actividades del proceso formativo y, a su vez, conseguir el logro de objetivos. Son de tres tipos: conceptuales, procedimentales y aptitudinales.

En la programación diaria, se debe seguir el principio de secuenciación lógica de los contenidos y del aprendizaje, por el que iremos de lo sencillo a lo complicado, de lo conocido a lo desconocido, de lo concreto a lo abstracto.

A su vez, el docente podrá incluir en una unidad didáctica uno o varios bloques de contenidos, buscando siempre una coherencia y equilibrio con el proceso de enseñanza-aprendizaje que se desarrolla durante la acción formativa.

En las acciones formativas para el empleo hay que atender a los denominados contenidos transversales. Los contenidos transversales abarcan diversas dimensiones de conocimientos que deben ser tenidos en cuenta en la programación de la unidad didáctica debido a su importancia en el proceso de aprendizaje. Se incluirán dentro de la propia unidad didáctica sin tener que desarrollarlos en otras unidades didácticas específicas para ellos.

Por otra parte, como resaltábamos en capítulos anteriores, en la programación formativa, una vez establecidos los objetivos que se pretenden lograr y propuestos los contenidos que se van a desarrollar, se diseñarán o seleccionarán una serie de actividades, cuya ejecución proporcionará al alumno/a la adquisición de una serie de competencias profesionales (conocimientos, destrezas y actitudes) mediante un proceso de resolución y aprendizaje.

Las acciones o actividades que se realizan en una acción formativa deben estar relacionadas con las dimensiones de la competencia que estén implicadas. Dependerá, entonces de la competencia profesional que se quiera trabajar en cada momento la elección y diseño de una u otra actividad. Las actividades, a su vez, conducen a un resultado final observable y medible.

Las actividades deben ser flexibles y versátiles, para poder adaptarse a la temporalización, recursos y características del grupo, pero los contenidos que se van a desarrollar en la Formación Profesional para el Empleo, así como las competencias profesionales que se pretenden adquirir, no pueden tener carácter mutable, sobre todo si la formación está vinculada con certificación de profesionalidad.

Pero sí que la secuenciación de actividades debe guardar cierta lógica, al igual que nos pasaba con los contenidos. La asimilación de los aprendizajes debe ir de lo próximo a lo distante, de lo fácil a lo difícil, de lo conocido a lo desconocido, de lo individual a lo grupal y de lo concreto a lo abstracto. Por ello, cuando planifiquemos y programemos actividades, no podemos hacerlo sin tener en mente esta secuenciación de contenidos, así como tener presente lo que los alumnos tienen que saber, lo que deberían saber y lo que podrían saber, para conformar un proceso de desarrollo y adquisición de capacidades.

Para la concreción de actividades, el docente deberá tener en cuenta factores como la concordancia con la metodología utilizada en la programación de la unidad didáctica, así como a la modalidad de impartición de la acción formativa, las características de los alumnos (atención a la diversidad y grado de motivación), la dificultad de los conocimientos que se pretenden adquirir mediante la resolución de las actividades, el tiempo y recursos disponibles, y las características intrínsecas de la propia actividad (grado de dificultad, tipología, etcétera).

4.3. Elaboración de la guía para las acciones formativas para la modalidad de impartición formación en línea

En la modalidad de impartición en línea (teleformación), se elaborará como material didáctico tanto una **guía para el alumno,** con toda la información que precisa sobre el desarrollo del curso como una **guía para los tutores-formadores,** que pueda ser utilizada como guía de aprendizaje y evaluación de cada módulo, considerando también las actuaciones necesarias para el desarrollo de sus funciones.

La guía del alumno contiene información referida a los aspectos más destacados de la acción formativa en su conjunto y a los datos de carácter práctico relativos a la forma en la que se van a llevar a cabo los aspectos generales del proceso formativo. En consecuencia, debe referirse a las características, condiciones, metas y recursos de esta acción formativa.

Según la legislación vigente en 2024, la información general sobre la acción formativa que suministre la guía del alumnado en formación en línea debe incluir, como mínimo, los siguientes aspectos:

- Denominación de la acción formativa.

- Identificación del certificado profesional al que se refiere la acción formativa, indicando, como mínimo, su denominación, nivel, Familia Profesional en la que se integra y cualificación profesional a la que se refiere, así como información sobre el entorno profesional.

- Perfil de alumnado al que va dirigida la acción formativa, con indicación de los requisitos formativos y profesionales (criterios de acceso).

- Requisitos técnicos (*hardware* y *software*) necesarios para realizar la acción formativa en modalidad de teleformación (tipo de ordenador, periféricos asociados si los hay, navegadores, conexión y programas informáticos).

- Objetivos generales de la acción formativa, expresados de forma clara y comprensible de tal forma que compendien de manera resumida y breve la competencia general que hay que lograr al finalizar la acción formativa.

- Organización general de la acción formativa, concretando su estructura (en su caso, relación de módulos y/o unidades formativas) y calendario de impartición, con fechas de inicio y finalización.

- Funcionamiento de la acción formativa: botones, navegación, herramientas, recursos y utilidades.

- Información sobre el sistema de tutorías, con identificación del equipo de tutores de cada módulo formativo, tipo de tutorías que se desarrollarán (virtuales y, en su caso, presenciales) y procedimientos de contacto. Cuando proceda, organización y calendario de realización de las tutorías presenciales.

- Plan de trabajo y orientaciones para su desarrollo, que es la descripción ordenada y secuenciada temporalmente de las actividades que tiene que realizar el alumnado a lo largo de la acción formativa, precisando tanto las actividades propuestas (determinando las tutorías presenciales, en su caso) como las pruebas de evaluación, así como de la estimación de la dedicación necesaria por parte del alumno, que ha de incluir tanto el tiempo de trabajo autónomo como el de evaluación, con indicación del número/promedio de horas de dedicación diaria/semanal que requiere el seguimiento adecuado del curso y una orientación sobre cómo organizar el trabajo para un mejor aprovechamiento del esfuerzo.

Información sobre el sistema de evaluación del aprendizaje, haciendo referencia a:

- Sistema de evaluación durante el desarrollo de la acción formativa, con indicación de su finalidad, procedimientos que se emplearán, frecuencia e instrumentos de evaluación (trabajos, actividades, pruebas evaluables) y plazos de presentación.

- Sistema de evaluación final, que precise objetivos, trabajos evaluables (individuales o grupales) y pruebas finales por módulo (presenciales), con calendario y lugar de realización, así como sistema de puntuación.

- Efectos de la evaluación positiva: obtención del certificado profesional o de acreditaciones parciales acumulables, procedimientos, forma, lugares y plazos de solicitud y trámites que hay que realizar.

- Servicio de atención al usuario para consultar y resolver incidencias o problemas técnicos vinculados a la utilización de *software* o *hardware* (tutoría técnica, FAQ, etc.), con información sobre las formas de contactar con el mismo, su calendario y horario de atención.

Por otra parte, el tutor/a - formador/a debe recibir una guía con toda la información necesaria para desarrollar sus funciones y constituye la planificación de su actuación.

- Programación didáctica y planificación de la evaluación de cada MF y, en su caso, UF, que se utilizará como guía de aprendizaje y evaluación, precisando:

  — Actividades de aprendizaje que ha de llevar a cabo el alumnado a través de la plataforma virtual, indicando las herramientas que se utilizarán en su realización (foro, chat, biblioteca virtual, vídeos, correo electrónico).

  — Actividades de aprendizaje que, en su caso, se tengan que realizar en las tutorías presenciales, indicando los espacios, instalaciones y equipamientos necesarios.

— Actividades de autoevaluación, que irán integradas en el desarrollo de cada módulo y que permitirán al alumnado conocer su propio progreso.

— Instrumentos de evaluación que se utilizarán durante el proceso de enseñanza-aprendizaje. Cada instrumento se acompañará de su correspondiente sistema de corrección y puntuación.

- Funcionamiento del sistema tutorial, con indicación del equipo de tutores de cada módulo formativo, las tutorías que se desarrollarán (virtuales y, en su caso, presenciales) y los procedimientos de contacto. Cuando proceda, organización y calendario de realización de las tutorías presenciales.

El sistema tutorial estará basado en tutorías virtuales y, en su caso, presenciales, que serán de carácter obligatorio y se desarrollarán a lo largo de la acción formativa.

Las tutorías virtuales incluirán acciones orientadoras y de apoyo a los procesos de aprendizaje, dando respuesta a los problemas que puedan surgir y a las consultas realizadas, manteniendo un tiempo de demora no superior a cuarenta y ocho horas laborables. Estas tutorías podrán ser individuales o colectivas. En este último caso se establecerá un horario para la participación común.

Las tutorías presenciales incluirán actividades de aprendizaje vinculadas con las capacidades y criterios de evaluación que figuran y tendrán la duración que especifica la legislación en cada certificado.

Estas tutorías serán desarrolladas en los espacios e instalaciones del centro o entidad de formación acreditada, durante el periodo de realización del módulo formativo correspondiente, y tendrán lugar en las fechas establecidas en la planificación didáctica.

- Procedimientos de seguimiento del aprendizaje del alumnado y del proceso de evaluación: registro, análisis e incentivación del grado de participación del alumnado, registro de la entrega en plazo de trabajos, actividades y pruebas, así como comunicación al alumnado de la valoración de estos, reflejo documental de los resultados de evaluación y confección de las correspondientes actas, que cumplan con lo estipulado en la legislación vigente.

- Procesos de gestión y administración de la acción formativa: altas y bajas de alumnos, formación de grupos/equipos, incidencias, coordinación de las tutorías presenciales, programación y seguimiento del módulo de formación práctica en centros de trabajo.

IDEAS CLAVE

- La temporalización diaria de la programación de acciones formativas para el empleo constituye una labor docente de concreción de la programación formativa.

- Para realizar la programación diaria de una acción formativa se tiene en cuenta:
    - Los requerimientos que establezca la legislación vigente si se tiene que aplicar.
    - Las características del grupo (ideas previas y diversidad).
    - Los objetivos y resultados de aprendizaje de la sesión.
    - Los contenidos que se van a tratar.
    - El tiempo disponible.

- Se recomienda elaborar una ficha que recoja:
    - Objetivos.
    - Criterios de evaluación.
    - Contenidos.
    - Metodología.
    - Espacios y recursos.
    - Evaluación

- Una estructura lógica de una sesión formativa es la siguiente:
    - Presentación
    - Introducción y objetivos:
    - Conceptos principales y secundarios de la sesión
    - Integración y conclusión de la sesión.

- En la programación diaria, se debe seguir el principio de secuenciación lógica de los contenidos y del aprendizaje, por el que iremos de lo sencillo a lo complicado, de lo conocido a lo desconocido, de lo concreto a lo abstracto.

- En la modalidad de impartición en línea una **guía del alumnado** con la siguiente estructura:

  — Denominación e identificación de la acción formativa

  — Perfil de alumnado al que va dirigida la acción formativa.

  — Requisitos técnicos (hardware y software) necesarios para realizar la acción formativa en modalidad de teleformación.

  — Objetivos generales de la acción formativa.

  — Organización general de la acción formativa.

  — Funcionamiento de la acción formativa.

  — Información sobre el sistema de tutorías.

  — Plan de trabajo y orientaciones para su desarrollo.

  — Información sobre el sistema de evaluación del aprendizaje.

  — Servicio de atención al usuario.

MAPA CONCEPTUAL

ELABORACIÓN DE LA PROGRAMACIÓN TEMPORALIZADA DE LA ACCIÓN FORMATIVA

La temporalización diaria. Características: organización, flexibilidad y contenido. Estructura

- Características: organización, flexibilidad y contenido
- Estructura de una sesión formativa

Secuenciación de contenidos y concreción de actividades

Elaboración de la guía para las acciones formativas, para la modalidad de impartición formación en línea

ACTIVIDADES DE AUTOEVALUACIÓN

4.1. Completa el siguiente texto:

La unidad didáctica será la intervención de todos los elementos que intervienen en el proceso de enseñanza aprendizaje con una _____A_____ y por un _____B_____ determinado.

4.2. Por lo general, ¿qué duración deben superar los módulos formativos para ser subdivididos?

a) 50 horas.

b) 70 horas.

c) 90 horas.

d) 100 horas.

4.3. ¿Cuál es la duración mínima que deben tener las unidades formativas resultantes de la subdivisión?

a) 30 horas.

b) 10 horas.

c) 20 horas.

d) 50 horas.

4.4. ¿Cuál de los siguientes parámetros se debe considerar al determinar la cantidad de horas necesarias para la formación?

a) Nivel de dificultad de la materia.

b) Importancia en la evaluación del MF, UF o sesión.

c) Contenidos a desarrollar.

d) Habilidades docentes.

4.5. Enumera la estructura de una sesión formativa

Respuesta: 1. Presentación; 2. Introducción y objetivos; 3. Conceptos principales y secundarios de la sesión; 4. Integración y conclusión de la sesión.

4.6. ¿Qué principio se debe seguir en la programación diaria de los contenidos y del aprendizaje?

a) El principio de aleatoriedad.

b) El principio de repetición.

c) El principio de exclusión.

d) El principio de secuenciación lógica.

4.7. Selecciona las respuestas correctas relativas a la organización de los contenidos:

a) La asimilación de los aprendizajes debe ir de lo próximo a lo distante.

b) La secuenciación de contenidos debe ir de lo difícil a lo fácil.

c) Al planificar actividades, se debe tener en mente lo que el alumnado tiene que saber, debería saber y podría saber.

d) La secuenciación de contenidos debe ir de lo concreto a lo abstracto.

4.8. El sistema de evaluación durante el desarrollo de la acción formativa se corresponde con la:

a) Evaluación diagnóstica.

b) Evaluación final.

c) Calificación.

d) Evaluación continua.

4.9. ¿Qué incluirán las tutorías virtuales?

a) Actividades de orientación técnica.

b) Acciones orientadoras y de apoyo a los procesos de aprendizaje.

c) Actividades extracurriculares.

d) Reuniones administrativas.

4.10. La guía del ___A_____ contiene información referida a los aspectos más destacados de la acción formativa en su conjunto y a los datos de carácter ___B_____ relativos a la forma en la que se van a llevar a cabo los aspectos generales del proceso formativo.

CASO PRÁCTICO

Elabora la programación de una sesión de formación.

- Módulo formativo:
- Sesión número...

OBJETIVOS	CRITERIOS DE EVALUACIÓN
MÓDULO	
SESIÓN	

CONTENIDOS	METODOLOGÍA	NÚMERO DE HORAS
CONTENIDO I		
CONTENIDO II		
CONTENIDO X		

REQUERIMIENTOS DE ESPACIO	RECURSOS

PROCEDIMIENTO DE EVALUACIÓN	INSTRUMENTOS

Bibliografía

- AMAT, O. (2002). *Aprender a enseñar: una visión práctica de la formación de formadores.* Barcelona: Ediciones Gestión 2000.

- ANTÚNEZ, S. (1999). *Del Proyecto Educativo a la Programación de Aula.* Barcelona: Grao.

- BUNK, G. P. (1994). «La transmisión de las competencias en la formación y el perfeccionamiento profesionales de la República Federal Alemana». *Revista Europea de Formación Profesional*, 2, 8-14.

- CARNICER, J; LAMA, D. (1994). «Aula de Innovación Educativa». [Versión electrónica]. *Revista Aula de Innovación Educativa* 31. Barcelona: Grao.

- CEA (2006). Formador ocupacional. Sevilla: CEA.

- DESCY, P.; TESSARING, M. (2002). *Formar y aprender para la competencia profesional: Segundo informe sobre formación profesional en Europa: Resumen ejecutivo* (CEDEFOP Referentes Series, 12). Luxemburgo: Oficina de Publicaciones Oficiales de las Comunidades Europeas.

- GALLEGOS, J. A. (1998). «La secuenciación de los contenidos curriculares: principios fundamentales y normas generales». *Revista de Educación*, 315 (1998), pp. 293-315.

- SERVICIO NAVARRO DE EMPLEO; ACTIMA (2014). *Guía metodológica de Certificados de Profesionalidad.* Navarra: Servicio Navarro de Empleo.

- Ley Orgánica 5/2002, de 19 de junio, de las Cualificaciones y de la Formación Profesional (BOE 20/6/2002).

- Ley Orgánica 8/2013, de 9 de diciembre, para la mejora de la calidad educativa (BOE 10/12/2013).

- Orden TAS 2307/2007, de 27 de julio, por la que se desarrolla parcialmente el Real Decreto 395/2007, por el que se regula el subsistema de Formación Profesional para el empleo en materia de formación de demanda y su financiación, y se crea el correspondiente sistema telemático, así como los ficheros de datos personales de titularidad del Servicio Público de Empleo Estatal (BOE 31/7/2007).

- Orden TAS 718/2008, de 7 de marzo, por la que se desarrolla el Real Decreto 395/2007 por el que se regula el subsistema de Formación Profesional para el empleo, en materia de formación de oferta y se establecen las bases reguladoras para la concesión de subvenciones públicas destinadas a su financiación (BOE 18/3/2008).

- Orden ESS/1897/2013, de 10 de octubre, por la que se desarrolla el Real Decreto 34/2008, de 18 de enero, por el que se regulan los certificados de profesionalidad y los reales decretos por los que se establecen certificados de profesionalidad dictados en su aplicación.

- Real Decreto 625/2013, de 2 de agosto, por el que se establecen cuatro certificados de profesionalidad de la familia profesional Servicios Socioculturales y a la Comunidad que se incluyen en el Repertorio Nacional de certificados de profesionalidad y se actualizan los certificados de profesionalidad establecidos como anexo IV del Real Decreto 1697/2011, de 18 de noviembre, como anexo II del Real Decreto 721/2011, de 20 de mayo y como anexo II del Real Decreto 1379/2008, de 1 de agosto, modificado por el Real Decreto 721/2011, de 20 de mayo.

- Real Decreto 1224/2009, de 17 de julio, de reconocimiento de las competencias profesionales adquiridas por experiencia laboral (BOE 25/8/2009).

- Real Decreto 34/2008, de 18 de enero, por el que se regulan los certificados de profesionalidad (BOE 31/01/2008).

- Real Decreto 229/2008, de 15 de febrero, por el que se regulan los Centros de Referencia Nacional en el ámbito de la Formación Profesional (BOE 25/2/2008).

- Real Decreto 395/2007 de 23 de marzo, por el que se regula el subsistema de Formación Profesional para el Empleo (BOE 11/4/2007).

- Real Decreto 1538/2006, de 15 de diciembre, por el que se establece la ordenación general de la Formación Profesional del sistema educativo.

- Real Decreto 1558/2005, de 23 de diciembre, por el que se regulan los requisitos básicos de los Centros Integrados de Formación Profesional (BOE 30/12/2005). Corrección de errores, BOE 24/1/2006.

- Real Decreto 1506/2003, de 28 de noviembre, por el que se establecen las directrices de los certificados de profesionalidad. (BOE 18/12/2003).

- Real Decreto 1128/2003, de 5 de septiembre, por el que se establecen las directrices de los certificados de profesionalidad (BOE 17/9/2003).

- Real Decreto 694/2017, de 3 de julio, por el que se desarrolla la Ley 30/2015, de 9 de septiembre, por la que se regula el Sistema de Formación Profesional para el Empleo en el ámbito laboral.

- Real Decreto 62/2022, de 25 de enero, de flexibilización de los requisitos exigibles para impartir ofertas de formación profesional conducentes a la obtención de certificados de profesionalidad, así como de la oferta de formación profesional en centros del sistema educativo y de formación profesional para el empleo.

- Ley Orgánica 3/2022, de 31 de marzo, de ordenación e integración de la Formación Profesional.

- Real Decreto 659/2023, de 18 de julio, por el que se desarrolla la ordenación del Sistema de Formación Profesional.

- RODRÍGUEZ MORÁN, M. (2006). *Gestión de la formación. La importancia de la formación en el ámbito empresarial actual*. La Coruña: Ideaspropias.

PÁGINAS WEB CONSULTADAS:

Boletín Oficial del Estado: www.boe.es

Formación Profesional (Ministerio de Educación, Formación Profesional y Deportes): https://www.todofp.es/

Ministerio de Educación, Formación Profesional y Deporte: https://www.educacionfpydeportes.gob.es/

Portal de la Consejería de Educación y Universidades del Principado de Asturias: www.educastur.es

Servicio Público de Empleo: www.sepe.es

Servicio Público de Empleo del Principado de Asturias: www.trabajastur.es

Instituto Nacional de Cualificaciones (INCUAL): https://incual.educacion.gob.es/

European Centre for the Development of Vocational Training: https://www.cedefop.europa.eu/

Fundación Estatal para la formación en el empleo: https://www.fundae.es/